JN082760

絶対契約

契約フローから、
契約書のつくり方まで

(株)オールリンク 代表取締役
俵谷泰代
Yasuyo Tawaraya

かざひの文庫

はじめに

契約書の作成で困ったな…という経験はありませんか？　実は私も、元々は契約書の作成が苦手で、どうしたものかと悩む日々を数多く経験してきました。

とはいえ、ビジネスに契約書は不可欠。必死に向き合い、数をこなしていくうちにコツをつかんできて、現在は多くの方から契約書のアドバイスを求められるようになりました。専門家でもない私が、多くの企業から仕事を依頼されるようになったのです。

ちょっとしたヒントやコツ、経験の積み重ねで、どなたでも、いまよりも契約書に前向きに取り組んでいただけるはずです。


大企業には法務部があり、専門職の方が弁護士や司法書士と連携して契約関係の作業を進めますが、中小企業には専門部署はなく、社内に頼れるブレーンもほとんどいないのが実情のようです。

そのような状況にあっても、誰かが契約書のひな形をＷＥＢ上で探し、それを元になんとか形をつくっています。

このように機械的に契約書を作成することはできますが、はたしてそれだけでいいのでしょうか。

私がこの本でお伝えしたいのは、「自社に最大の利益をもたらしてくれる契約書」をつくり、トラブルを防いでビジネスが広がる契約を結びましょう、ということです。


数多い種類の中で、今必要な契約書はどれなのか――


契約書といっても、種類はたくさんあります。商取引であれば「基本取引契約書」、売買に伴う「商品売買契約書」「○○サービス契約書」などがあります。最近では、商取引の前に「秘密保持契約書」がよく作成されています。

ほかに「売買契約書」「賃貸借契約書」「業務提携契約書」「業務委託契約書」「営業委託契約書」「請負契約書」「雇用契約書」「借用書」「覚書」「合意書」などがあります。

それらの中で、今求められているのはどれなのか、見極めることも必要です。

契約書のレベルとボリュームはどうすればいいのか――

Ａ４で1枚の簡易なものなのか、細部まで取り決める数ページから数十ページに及ぶものなのか。目的に応じて盛り込む内容とその範囲も考えます。

そうしたとき、ＷＥＢから引っ張ってくるにしても、契約のたびに、目的に沿った内容のひな形を選び、内容を吟味し、加筆・修正していくことになります。

実はここが重要なポイントです。

例えば、商取引の場合、取引は次の流れが一般的です。

先方にアポイント・面談・合意→契約書のドラフトの作成・合意→契約書に相互押印（締結）→商品の納品、サービスの提供→商品、サービスの提供者から請求書の発行→金銭授受、金融機関に着金または集金

私は取引に関しては、いつ何が起きるかわからないので、「着金、代金受領が確認できたときに契約が完結した」、つまり本当の意味での取引完了ととらえています。

ここまでを、いかにスピーディーかつスムースに運ぶかです。

この流れの中でとくに重要なのが「契約締結」で、契約書の相互押印までのハードルをいかに速くクリアするかが求められています。契約書でつまずくと、当然ながら着金が遅れ、取引に時間がかかるのでリスクも大きくなってしまいます。

最終目的は取引や事業にあるのであって、契約書そのものではない――

取引や事業には契約書の存在が大きいのはたしかですが、相手あっての取引、事業ですから、よい関係を築くことがベースになります。さらに、契約書作成の手際がいい、出来映えがいい、つまり相手の意も汲んだものになっていると、信頼度が増します。いい印象は次の取引への弾みになり、その情報は他社にも拡散します。そういった契約書づくりを意識して、その基底に流れる考え方を身につけることは大切なことです。

これまで契約というフィールドでたくさんお手伝いしてきた経験が、みなさんのビジネスに役立つことを願っています。

2023年7月

㈱オールリンク代表取締役　俵谷 泰代

絶対契約　——目次——

1章 なぜ契約書を交わすのか

2章 契約書のここを押さえよう

3章 契約書で失敗しないために

4章 契約書は信頼度を高める

5章 契約書はビジネスを育てる

1章

なぜ契約書を交わすのか

契約書はリスクヘッジのために作成する

契約書はトラブルに備えて証拠を残す

この章では、本書のメインテーマである「契約書」はどんな目的で作成するのか、どうあるべきなのか、といった「そもそものところ」についてお話しします。

まず、なぜ契約書が必要とされるのか、考えたことはありますか？

「双方の信頼関係が成り立っているのなら、そもそも契約書はいらないのでは？」と考える人がいるかもしれませんね。たしかに、理想をいえばその通りです。

でも、万が一取引先との関係がこじれてしまったら、最悪の場合、裁判にまで発展しかねません。

契約書は、そのような場面を想定してリスクヘッジをすることで、会社を守るために存在するものと、私はとらえています。

裁判では、お互いに合意して取り決めた文書をエビデンス（証拠、根拠）として提出することが、重要となります。そして、そのエビデンスをもとに弁護士などに依頼し、裁判で争うことになるのです。

ところが、そのエビデンスが存在しない、内容があいまいである、自社にとって不利な内容になっているといったことは、弁護士に依頼した時点である程度わかります。

つまり、契約書がない、自分たちに不都合な契約だったということであれば、そもそも裁判に持ち込めるかどうかも怪しくなってしまいます。

そのような場合は、弁護士に相談した時点で断られるか、不利であるという見解を示されて、終わってしまうでしょう。

ですから、まずは契約書を交わすことは、リスクヘッジのための大前提であり、そのうえで、いかに自分たちのリスクを減らしてくれる内容にするのかが重要になるのです。

契約書は3つのステップでつくり、リーガルチェックをする

契約書をつくる際に大切なのは、トラブルになったときにどんな不利益があるのか、どれくらいの損害になるのか、といった想像力を働かせて、リスクを徹底的に洗い出すことです。

想像しなければ、どんなリスクがあるのかが見えず、リスクヘッジを行うための条項を盛り込むことができません。

ですから、契約書を作成するときには、会社として、

・万が一のときのリスクにはどのようなものがあるか列挙し

・そのリスクが及ぼす損害の度合を想定して

・リスクを回避する方法を検討する

といったステップで考えます。

そのうえで、落としどころ、つまり万が一係争になった場合に会社として譲歩できる最低条件を決めてください。

この3つのステップを踏んだうえで、契約書の原案を作成しましょう。

弁護士などにリーガルチェック（法的な視点で検証、チェックすること）を依頼する際には、会社が契約を取り交わす目的やリスクの範囲を伝えるのがポイントです。

もし契約を交わす目的などを弁護士に伝えていなかったら、法的に問題がない文章かどうかだけのチェックにとどまり、もっと重要なリスクヘッジの視点が外れてしまうことになります。

専任の専門家（顧問弁護士など）がいる場合は、普段から会社の業務や想定される契約などを伝えておくようにしましょう。

契約書は安全な取引のために作成する

1回限りの取引なのか、継続的な取引なのかで契約は異なる

1回限りの取引ならば、契約期間が有限で、いつまでの契約なのか、といった「終わり」がわかっています。この場合、契約書には1回の商取引の内容だけを書き記すので、不要な部分はカットできます。

一方、継続する取引の場合は、1年なのか2年なのか、合意しているうちは半永久的に続くものなのかがわかりません。

毎回なんらかの変動や変更が想定されるものならば、契約書上に必要な情報が増え

ることもあり得ます。

このように、契約期間が有限なのか、継続するかの違いによって、入れる条項や内容が変わってくるのです。

とくに継続的な取引で不確定要素が増えるときには、契約書上に変更を加味した条項が明確に記載されていれば、契約のすべての当事者が納得して金銭の支払い、もしくは受け取りができることになります。

このような安全性を担保することは、契約書をつくる大切な目的のひとつです。契約期間について契約書に盛り込むときは、次のような表現になります。

①契約期限の例
・申し出がなければ、そのまま継続される
・○年ごとに更新される

②解約の申し出のタイミングの例

・（賃貸物件で）退去の1ヵ月前までに書面で通知する

・サービス停止の2ヵ月前までに書面で申し出る

会社によって1ヵ月前なのか、3ヵ月前なのかなどの条件が異なるため、解約の時期については、その申し出が重要なポイントになります。

実際には準備していたサービスの停止や、自動引き落としの停止などに時間がかかるため、事前に期限が設けられているケースがほとんどです。

契約書は種類ごとに押さえるポイントが違う

契約書の種類と見るポイント

みなさんが最初に目にする契約書は、ひとり暮らしのときの「賃貸借契約書」や就職時の「雇用契約書」が多いのではないでしょうか。

契約書には、ほかにも「保険契約書」「携帯電話の利用契約書」というように、さまざまな種類のものがあります。

契約書にはたくさんの文字が羅列されているので、「読むのが面倒だな…」

と思うかもしれませんが、どんな契約書でも、基本的には嫌がらず、内容に目を通すことが大切です。

ただ、すべての文章を読むことが重要なのではありません。契約があいまいにならないように、必ず見たほうがいいポイント、自分が押さえておくべきポイントがあるのです。これらについては、このあとにサンプルとあわせて説明していきますので、参考にしてください。

まず、契約書の種類について、具体的な例で説明します。

例えば、A社がB社に仕事を依頼する場合、「委託」という仕事が発生します。その際に使われるのが「業務委託契約書」です。

主に自社で行う業務を外注して、ほかの会社に委託する場合などに使います。自社で行うよりは専門分野などを社外に依頼したほうが効率的である、という判断で契約するものです。

自社でホームページを作成できないので専門業者に制作を依頼したいという場合は、契約書の中の業務の目的の欄に「ＷＥＢサイト制作」という内容が入ります。

タイトル（題名）に「ＷＥＢサイト制作業務委託契約書」と称する場合もあります。本文の内容は、次頁に示したサンプルをご覧ください。

「業務委託契約書」作成の重要ポイント

サンプルとして汎用で使えるひな形を用意します。この中でカスタマイズするのは、甲は発注者＝委託者、乙は受注者＝受任者を定めるところからです。

第１条　本件業務

（１）に、委託者が委託する業務内容を列記。（４）は上記に不随する業務を記載し、逐一業務を特定しなくても、関連する業務が含まれるように、包括した内容となっています。

「業務委託契約書」のサンプル

業務委託契約書

（以下「甲」という）と　　　　　　（以下「乙」という）は、下記記載の業務について、次の通り契約（以下「本契約」という。）を締結する。

第1条（本件業務）

甲は乙に対し、次の業務を委託し、乙はこれを受託し誠実に履行する。

(1)

(2)

(3)

(4) 他、上記1から3に付随する業務

第2条（報酬及び支払方法）

1. 本件業務の報酬額は，月額　　　　　　円（消費税別）とする。
2. 本件業務の報酬は，甲は，乙に対し委託月の前月末日までに、乙指定の口座に振込む方法により支払うものとする。ただし，振込手数料は，甲の負担とする。
3. 報酬額には，原則として乙が本件業務を遂行する際に要する県内、近郊県の交通費、宿泊費等の出張費については報酬額に含むものとし、県外出張に関わる費用については、報酬に含まないものとし、甲が負担するものとする。
4. 本件業務に伴う、その他経費（実費）が発生する場合においては、甲、乙協議の上、事前に決定するものとする。
5. 本件業務に付随した、個別に案件に対し、業務範疇外の報酬が発生する場合は、甲乙協議の上、別途、都度報酬を定めるものとする。なお、その場合、個別に覚書等の契約を締結するものとする。

第3条（契約期間）

本契約の契約期間は、契約締結日より1年間とする。なおその後の契約継続については、甲から乙への契約終了の申し出が、契約満了月の前々月末日までにない場合は、6か月毎の自動更新とする。

第4条（注意義務）

乙は、甲の指示事項を遵守し、関係諸法令を守り、自ら業務計画を立案し、委託内容の趣旨に従い誠実かつ善良なる管理者の注意をもって、本件業務を処理しなければならない。

第5条（秘密保持義務）

秘密情報とは、有形無形を問わず、本契約に関連して甲から乙へ提供された営業上、技術上、人事上その他すべての情報を意味する。

2. 乙は甲から提供された秘密情報について善良なる管理者の注意をもってその秘密を保持するものとし、甲の許諾なく、第三者へ漏えい、提示してはならない。
3. 乙は秘密情報について、本契約の目的の範囲内のみで使用できるものとし、複製、改変が必要なときは、事前に甲から書面による承諾を受けなければならない。
4. 本条の規定は、契約終了後も有効に存続する。

第6条（反社会的勢力の排除）

甲および乙は，現在，暴力団，暴力団員，暴力団準構成員，暴力団関係企業，総会屋，社会運動等標榜ゴロまたは特殊知能暴力集団等，その他これに準ずる者(以下，「反社会的勢力」という。)のいずれでもなく，また，反社会的勢力が経営に実質的に関与している法人等に属する者ではないことを表明し，かつ将来にわたっても該当しないことを確約する。

2. 甲または乙は，相手方が次の各号のいずれかに該当する場合，何らの催告をすることなく契約を解除することができ，相手方に損害が生じてもこれを賠償することを要しない。
①反社会的勢力に該当すると認められるとき
②相手方の経営に反社会的勢力が実質的に関与していると認められるとき
③相手方が反社会的勢力を利用していると認められるとき
④相手方が反社会的勢力に対して資金等を提供し，または便宜を供与するなどの関与をしていると認められるとき
⑤相手方または相手方の役員もしくは相手方の経営に実質的に関与している者が反社会的勢力と社会的に非難されるべき関係を有しているとき
⑥自らまたは第三者を利用して，暴力的な要求行為，法的な責任を超えた不当な要求行為，脅迫的な言動，暴力および風説の流布・偽計・威力を用いた信用棄損・業務妨害その他これらに準ずる行為に及んだとき

第7条（成果の権利および知的財産権の帰属）

本件業務に基づき乙が甲のために作成した成果物（中間成果物も含む）および役務の提供の結果、発生した著作権及びその他の無体財産権は、本件業務より前から乙が既に保有するものを除き、すべて甲に帰属し、そ

の権利は乙から甲に無償で譲渡されるものとする。

2. 前項の規定に従って乙から甲に譲渡される権利は、著作権法第27条（翻訳権、翻案権等）及び第28条（二次的著作物に関する原著作者の権利）に規定される権利も含むものとする。
3. 乙は、成果物に対する著作者人格権の権利を行使しないことを合意する。
4. 乙は、甲の書面による承諾を得なければ，成果物の全部あるいは一部及びその複製物を保有し、利用することはできないものとする。

第8条（報告義務）

乙は、甲の請求があるときは、甲の指示に従い口頭または書面にて、遅滞なく本件業務の履行状況を報告しなければならない。

2. 本件業務の遂行に支障が生じるおそれのある事故の発生を乙が知った場合、乙は、その事故の帰責の如何にかかわらず、その旨をただちに甲に報告し、甲と今後の対応方針についての協議を行なうものとする。

第9条（再委託の禁止）

乙は、甲による書面による事前の承諾がないかぎり、本件業務の全部または一部を第三者に再委託できない。なお，甲の事前の承諾を得て第三者に再委託する場合には、乙は当該第三者に対し、本契約における乙の義務と同様の義務を遵守させ、その行為について一切の責任を負う。

第10条（契約の解除）

本契約の当事者の一方は、本契約期間中であっても、相手方が本契約に違反したときは、催告及び自己の債務の履行の提供をしないで，本契約を解除することができる。

2. 甲は、本契約期間中であっても、乙が本件業務を実施することが困難であると認めたときは、本契約を解除することができる。ただし、乙が要した費用の負担については、甲乙協議の上、決定するものとする。
3. 甲が本契約の解除を希望する場合、甲は乙に対し、契約解除を希望する月の2ヶ月前までに、書面により解除の申し出を行うものとする。

第11条（損害賠償）

甲又は乙は、故意または過失により相手方に損害が発生した場合は、損害賠償を請求することができる。

第12条（特記事項）

第13条（合意管轄）

本契約上直接又は間接的に生じた甲乙間の一切の紛争についての訴訟は、相手方の本店所在地を管轄する地方裁判所又は簡易裁判所を第一審の専属的合意管轄裁判所と定めるものとする。

第14条（協議解決）

本契約に定めなき事項または解釈上疑義を生じた事項については、法令に従うほか、甲乙誠意をもって協議のうえ解決をはかるものとする。

以上、本契約の成立を証すため、本書2通を作成し、甲乙記名捺印のうえ各1通を保有する。

年　　月　　日

第2条　報酬と支払

ここでは月額の定額報酬パターンとし、前月末に委託業務の月分を支払ってもらう、いわゆる前払いのパターンとしています。月締め、後払いなどはこの内容を必要に応じて変更し、締め日や精算について明記します。

また、業務に係る経費が発生する場合の負担についても明記します。

乙の受け取る委託料に含まれるパターンもありますが、どこまでが委託料に含まれているのか、経費負担が甲乙どちら側なのか、上限やルール、精算方法などもこの条項内に明記するようにします。

第3条　契約期間

契約者相互間で合意した期間を記載し、その後の延長についても記載します。

ここでは自動更新としていますが、自動更新しない場合の更新方法や、契約延長についての決め事を明記する必要があります。

第4条〜第7条　ここは一般的に必要とされる条項を入れています。

第8条　報告義務

乙が業務を受託する側として、委託者である甲へどのように報告するのかを具体的に示します。書面での報告、甲が指定したシステムなどの入力報告、他指定書式での報告など、甲が乙に求める報告方法があれば明記し、いつ・どのように報告するのかを取り決めます。

第9条　再委託の禁止

これは、乙が受託した業務を、乙がさらに第三者へ委託することを禁じる内容です。基本は再委託を禁止するケースがほとんどですが、例外がある場合などもここでルール決めをする必要があります。

第10条　契約解除

どのような場合に契約を解除するのか、また契約解除する場合の相手方への通知方法を記載し、いつまでに、どのような方法で行うかも明記します。

第11条　損害賠償

問題が発生した場合に、甲乙いずれかが相手方から被った損害への賠償請求を行うことができる旨を記載しています。ここでは一般的な文章を入れていますが、賠償の具体的な条件がある場合は、上限を定めたり、制限したりします。

第12条　特記事項

この契約で特記する条件がある場合は、この条項に明記します。とくにない場合は、この条項は削除します。

第13条　合意管轄

合意管轄については、紛争が起こった場合を想定し、裁判所の管轄を決めるところになりますが、契約の段階で裁判所地名（例えば「東京地方裁判所」など）を入れるケースも多くみられます。その多くは、契約書を作成・提出した側の管轄裁判所の地方名を記載されることがほとんどです。

私の場合、「相手方の本店所在地」としているのは、訴えを起こしにくくするために例文のような言い回しをしています。

場所を指定する場合は、希望する場所の裁判所名を記入します。名古屋、大阪、福岡などの地方裁判所の地名です。

「秘密保持契約書」作成の重要ポイント

次に、商取引を前提として取り交す機会が多い「秘密保持契約書」について説明します。これは、多くのビジネスシーンで利用され、通称NDA（エヌディーエー）ともいわれます。

よく先方から、「では、お互いの情報を開示するにあたり、NDAをお願いします」などと言われるケースがあるので、覚えておきましょう。

この秘密保持契約書は、どこでもほぼ同じような内容が書かれていますが、業種・業態によって、多少厳しい内容になっていたり、かなり細かく取り決め事項が書かれていたりします。ここでは一般的なサンプルを掲載します。

「秘密保持契約書」のサンプル

秘密保持契約書

(以下「甲」という。)と　　　　　　　　　　(以下「乙」という。)とは、相互に開示、授受される情報の取り扱いについて次の通り合意し、秘密保持契約(以下「本契約」という。)を締結する。

第1条(目的)

本契約は、以下に定める取引(以下「本取引」という。)の契約の可能性の検討、協議、交渉(以下「開示目的」という。)に伴い、当事者間で開示される情報の取扱、使用、保護等に関し、遵守すべき事項を定めることを目的とする。

◎本取引:

第2条(秘密情報)

本契約において秘密情報とは、本取引に関して、甲乙いずれかの当事者(以下、秘密情報を開示する当事者を「開示者」という。)が相手方当事者(以下、秘密情報を受領する当事者を「受領者」という。)に対し開示される一切の情報のうち、下記各号に定める条件のいずれかを満たす情報をいう。ただし、開示者は開示する秘密情報を必要最小限にするための合理的な努力を行うものとする。

(1) 書面(文書ファイル、電子メール等の電磁的手段および光ディスク等の電磁的媒体による交付も含む。以下同じ。)により秘密情報である旨を明示し受領者に開示されるもの。

(2) 口頭または視覚的方法により開示されるもののうち、開示者が、開示時点で秘密である旨を明確に示すもの。

(3) サンプル、試作品等の物品として提供するもので、前記2号のいずれかの方法により秘密情報である旨を明示し受領者に開示されるもの。

2　前項の定めにかかわらず、以下の各号のいずれかに該当する情報は、本契約における秘密情報から除外されるものとする。

(1) 開示の時において公知であるか、または、受領者が既に合法的に所有していたもの。

(2) 開示後に受領者側の過失または本契約の違反によることなく公知となったもの。

(3) 受領者が、正当な権利を有する第三者から秘密保持義務を負うことなく、適法に入手したもの。

(4) 開示者が、かかる制約から除外することを書面により同意したもの。

第3条(秘密保持義務)

受領者は、開示者から開示を受けた秘密情報および秘密情報を含む記録媒体もしくは物件の取り扱いについて、次の各号に定める事項を開示のときから3年間遵守するものとする。

(1) 受領者は、善良なる管理者の注意をもって、開示者から開示された秘密情報の秘密を保持し、開示者の事前の書面による承諾を得ない限り、第三者に開示,漏洩または公表しないものとする。万一、秘密情報が漏洩したことが発覚した場合には、受領者は開示者に直ちに連絡し対応につき指示を受けるものとする。
(2) 受領者は、開示者から開示された秘密情報を開示目的以外の用途に使用してはならないものとする。
(3) 受領者は、開示目的の達成のために必要な範囲に限り、秘密情報の複写を行うことができるものとする。
2 受領者は、開示者から開示された秘密情報を、開示目的の達成のために必要な範囲において、開示者の承諾なくして、当該秘密情報を知る必要のある、役員、従業員、弁護士、公認会計士(以下「事後受領者」という。)に対して開示することができるものとする。
3 受領者は、前項の規定に従って、事後受領者に対して秘密情報を開示する場合、当該事後受領者に対し、本条に定める秘密保持義務と同等の義務を課すものとする。

第4条(公的機関等への開示)

本契約第3条の定めにかかわらず、受領者は、裁判所その他公的機関(以下「公的機関等」と総称する。)から強制力のある開示の命令を受け、もしくは、公的機関等から開示の要請を受けた場合、または法令、公的機関の規則その他これらに準ずる定めに基づき開示する場合、当該「命令」、「要請」または当該「定め」の範囲内で開示者から開示された秘密情報を公的機関等に対して開示することができるものとする。
2 受領者は、前項の定めに基づき公的機関等に秘密情報を開示する場合、当該開示に先立ち、可能な限り開示者にその旨を通知するものとし、かつ、開示範囲を合理的に必要な範囲に留めるよう努めるものとする。

第5条(第三者に対する開示)

受領者は、開示目的の達成のために必要な場合、事前に開示者の書面による承諾を得て、開示者から開示された秘密情報を受領者の指定する第三者(以下「再受領者」という。)に開示することができる。ただし再受領者は、本取引に受領者の資金調達等のため開示を必要とする融資等に係る金融機関等に限定し、本契約第3条に定める秘密保持義務と同等の義務を課すものとする。

第6条(秘密情報の返還)

受領者は、開示者より書面による要請があった場合、開示者が指定する合理的期間内に自己、事後受領者および再受領者が保持または管理する一切の秘密情報の使用を停止し、原本、複写、複製または翻訳を問わず開示者より開示された秘密情報を返還または破棄するものとする。

第7条(期間)

本契約は、本契約書の締結の日から1年間有効とする。ただし、本契約第3条、第6条および第9条の効力は、本契約の終了後3年間存続するものとし、本条、第8条、第10条、第11条および12条の効力は、本契約の終了にかかわらず存続するものとする。
2 前項に定める本契約期間内に本契約を終了させる場合は、甲および乙の書面による合意を要するものとする。

第8条（確認事項）

開示者は、受領者に対し、開示される秘密情報に何らかの誤りまたは契約不適合があった場合でも、契約不適合責任を含む一切の責任を負わないものとし、秘密情報の内容およびその使用について、一切の明示または黙示の保証をしないものとする。ただし、書面により別段の表明をした場合はこの限りでない。

2　本契約のもとでの秘密情報の開示および受領は、甲乙何れに対しても、開示目的の中で言及されている本取引その他一切の取引を行う義務を伴うものではなく、また、同様または類似の取引を、本契約に定める秘密保持義務を遵守した上で、自らまたは第三者との間で検討および実行することを妨げるものではない。

第9条（損害賠償請求）

開示者は、受領者が本契約に違反した場合、受領者に対し、当該違反行為の差し止めおよび当該違反行為により被った直接かつ通常の損害の賠償を請求することができる。

第10条（準拠法）

本契約ならびに本契約に基づきまたはこれに関連して生じる各本契約当事者の一切の権利および義務は、日本国の法律に準拠し、それに従い解釈される。

第11条（合意管轄）

本契約に関して紛争が生じた場合は、〇〇地方裁判所を第一審の専属的合意管轄裁判所とする。

第12条（協議事項）

本契約に定めのない事項または本契約について疑義が生じた場合については、甲乙協議の上、解決するものとする。

（以下余白）

以上、本契約成立の証として本書を2通作成し、甲乙記名押印のうえ各1通を保有する。

年　　　月　　　日

甲

乙

サンプルとして、汎用で使えるひな形を用意し、この中でのカスタマイズは、甲（発注者＝委託者）、乙（受注者＝受任者）を定めるところから始めます。

第1条　本取引→秘密保持契約を交わすそもそもの取引について明記すること。

何かの売買なのか、問い合わせに関しての情報開示なのか、事業やプロジェクトに関する資料開示なのかなど、本来の契約を前提とした資料開示となるため、その内容を明示します。

第2条～第10条　秘密保持のスタンダードな内容を網羅しています。

第11条　合意管轄が場所をしてすることになるので、指定したい場所の裁判所名を記入します。名古屋、大阪、福岡などの地方裁判所の地名です。

「覚書」作成の重要ポイント

「覚書」を利用するシーンはさまざまです。例としては、取引基本契約書をベースとして契約を締結した後のことです。個別の案件ごとに条件が異なるため、その都度「覚書」を締結して、案件ごとに条件を合意・締結するというようなパターンです。

取引基本契約書では、相互の基本的な取引に係る変化しない取引条件の合意事項をまとめます。その後、案件ごとに条件を書いたものを「覚書」として締結します。

ほかにも、契約を締結したあとに変更が生じた場合に、追加で「覚書」を使い、変更点に合意するなどのケースもあります。

次頁に掲載した覚書のサンプルは、基本取引契約は終了していて、商品の納品が遅れた場合を想定して、納品日の延期に合意する事項を例としています。

サンプルとして、汎用で使えるひな形を用意し、この中でカスタマイズするのは、

「覚書」のサンプル

覚　　　書

（以下「甲」という。）と　　　　　　　　（以下「乙」という。）は、　　年　　月　　日に締結した△△契約（以下「△契約」という）について、以下の事項に合意したことを証するために覚書（以下「本書」という。）を締結する。

記（例）

1 △契約の第○条に記載の××商品の納品期限について、乙の・・・・・の事由により、納品期限を　　年　　月　　日までに延期することとし、甲は期限の延長を承諾するものとする。

2 △契約に取り決めた契約で、今回取引を行う物件は○○とし、次の条件にて取引することを甲乙確認の上、合意する。（甲が買い手、乙が売り手のケース）

1.取引名称：　　○○商品の売買

2.納品期限および納品場所：　　年　　月　　日を期限とする、甲の指定場所に納品する

3.支払方法：　　乙の指定口座へ銀行振込

4.支払期限：　　甲は発注時に代金の50%を支払う納品完了後、7営業日以内に残金を支払う

3 本書に記載のない事項については、○○契約による。

以上

［契約条項以上］

以上の合意を証するため、本覚書2通を作成し、各自記名押印の上、各1通を保有する。

年　　月　　日

1.

2.

甲を買い手、乙を売り手＝商品提供者として定めています。ここでは、元の契約書があり、変更・追加をするケースです。

・前文の冒頭の文書には、元の契約書の締結日と契約文書名を記載します。「記」の内容として、追加で取り決めたい、合意したい内容を列記するのですが、ここでは、乙の納期が遅れることに甲が承諾する内容の文例を記載しました。なお、乙の納期が遅れる理由を明示したほうがよいため、「……の事由により」としています

・2の項目には、個別の売買案件を特定する場合の例を記載します

・取引名称、納品期限、納品場所、支払方法、支払期限などを明記します

・ほかにも決め事があれば、追加で項目を増やします

・特記事項があればここに記載します

・覚書、確認書、合意書の文書は同じ書式でOKです。表題を「確認書」「合意書」として、前文も覚書と同様に「確認書」「合意書」に変更しましょう

・確認内容や合意内容を「記」のところに、1から列記します

契約書は損をしないためにつくるのではない

お互いに守るべきことを入れたフェアな内容に

誰でも、契約で損をしたくないもの。それは当然のことですが、だからといって、自分本位な内容で契約書を作成してしまってはいないでしょうか。

本来、契約書は契約者双方が「守るべきこと」を盛り込んで作成するものです。一方的な契約書では、契約そのものが成立しないでしょう。お互いが守るべきポイントが書かれていない契約書は、フェアではありません。

まともな取引をする会社であれば、そのような契約を了承しませんし、会社の質を疑われてしまう可能性もあります。

ところが、サービスを受ける側、つまりお金を支払う側に対して、

「これはできません、あれもこれもダメです」

「このケースでは返金をしません」

といった、一方的な禁止事項や要求が多い契約書は、意外に多いものです。

契約書には、サービスのスタンスや会社の質があらわれていると思って、改めて見直してみてください。

誰でも損をしたくないものですが、

「いかなる場合にも、返金には応じません」

というように、一方的に書いてしまわないように注意しましょう。

会社を守るリスクヘッジと顧客心理のバランスをとる

いくらリスクヘッジであったとしても、契約書に注意項目が多い会社には注意が必

要です。

裏を返すと、そういった事態が多く起こっている、という可能性もあるからです。あまりにも契約の相手に不利益な約束ばかりをさせる内容の場合は、契約する前にしっかりと調べたほうがいいでしょう。

一方、こちらが契約書を作成する立場になった場合は、あまりにも多くの注意事項を書いてしまうことで「危険な会社」と誤解されることになります。

それでも、会社を守るための線引きは欠かせません。

世の中には、ごねてクレーマーのようになる人や、是が非でもお金を取り戻そう、踏み倒そうという人もいるので、リスクヘッジと顧客心理とのバランスを考える必要があります。

トラブルを防ぐ理想の契約はバーター

契約でよくトラブルになるのは、お金の支払いです。

会社を守るためには、適正なサービスに対して適正な金額を支払うというバーター（交換）契約がいいでしょう。

つまり、

「先にこの金額を払ってもらったら、ここまでサービスを進めます」

というように、信用を積み上げていくことが大切です。

たしかに、一括先取りをして、返金不可にするようなサービスもありますが、取引でお金を先に預かるのは、あまりいいことではありません。

実際、以前エステ業界では、先に満額を払ってサービスを受け、全額の返金をしないという契約形態があったのですが、現在はそのような契約はできなくなりました。

先取りサービスは、うまくいかないものなのです。

支払いは、可能であれば分割にするのが望ましいでしょう。

例えば、着手したときや案件の中間で半分を支払って、完了してから残りの半分を支払う、という形にしてください。

できれば、後払いも避けましょう。最後にまとめて代金を受け取る形にしてしまうと、終わったあとに連絡がとれなくなってしまうケースもあり得るからです。

とくにサービス契約の場合、自分がお金を受け取る側であっても支払う側であっても、サービスと対価を支払うタイミングがかけ離れないような注意が必要です。適正な支払い方をして、適正なサービスを提供する、という意識で契約を結びましょう。

サービスと対価を交換するタイミングを連動させる

例えば、エステやマッサージで、

「10回終わった時点で、まとめてお支払いいただければいいですよ」

と言っていたのに、9回目でお客様が来なくなってしまっては困りますよね。その都度支払いをしていくようにすると、サービスと対価のバランスがとれるのです。

これは、会社の取引や契約の場合も同じこと。

先払いでも後払いでもバランスが悪いので、

「初期費用はいくら、定額はいくら。成果が上がったら、毎月締めでいくらです」

というように、サービスと連動する契約にするといいでしょう。

・毎月の支払いで満足していただいているなら継続
・成果があるなら金額がプラスになる
・解約する場合は、いままでのサービス提供分（もしくは初期費用）を支払い、それ以降に発生する予定だった金額は支払わない

このように、サービスと対価のバランスがとれる内容にすることと、双方の合意があることが何よりも大切です。

契約書を作成する際は、ただ書類を書くだけと考えるのではなく、内容まで大切にしましょう。

契約書には会社の信用度があらわれる

信用取引は信頼関係で成り立っている

会社の取引において、一番信頼がおけるのはキャッシュオンデリバリー（代金引換）です。

でも、キャッシュオンデリバリーで、すべてを成立させることはできません。

ですから日本では、信頼関係のもとに、サービスを受けてから支払うという「信用取引」が成り立っています。

「あなたの会社なら、500万円までは翌月払いでいいですよ」

「あなたなら、3ヵ月間お支払いの猶予を設けましょう」

このような与信を持てるかどうかは、それまでの取引実績の積み重ねによります。

そのほかに、帝国データバンクや商工リサーチなどの調査会社がつくっている信用取引のための指標を、判断に活用する方法もあります。

でも、指標では60点だったとしても、支払日当日に、「お支払いしません」という強引な取引をする担当がいる可能性も、ゼロではありません。

実際に私は、60点を超えた評点の会社との取引で、クライアントの会社が入金遅れで困った事例を目の当たりにしました。点数はあくまで指標にすぎないので、注意が必要です。

帝国データバンクの例では、40点台の会社が最も多いゾーンと言われており、50点を超えるあたりからが黒字企業、取引の与信としてよいかどうかとされています。60点を超える企業は少数しかなく、優良企業としての指標の評点です。

また、調査会社の評点は、歴史のある会社の指標に高くつきやすい傾向があります。信用取引では情報がすべてではなく、「人」を見る目や感覚を磨くことも大切なのです。

契約書は「信用」を形にするために作成する

もし取引で裏切られた場合、裁判になるか、もしくは裁判費用のほうが高くなることに嫌気がさして、泣き寝入りになるケースがほとんどです。

契約の成立時には、自分のなかで、

「もしこうだったらどうするか」

という最悪のことを想定して、覚悟を持つ必要があります。

契約において大切なのは「信用」です。契約書がすべてではありません。

ですから、

「お互いの信用を形に残しておきましょう」

という感覚で契約書を作成するのが、理想的なのです。

契約書は双方が満足できるようにつくる

契約書をつくることがトラブルを防ぐことになる

一般的に契約書は、取引を持ちかけたほうがドラフトを作成して、提示するケースが多いようです。

ところで、パートナー契約のように両者がお金を受け取る場合は、どうするのがいいのでしょうか。

一緒に組んでサービスを提供し、利益を分配するような場合、自分で契約書をつくれるのなら、自分から積極的にたたき台を用意したほうが、トラブルを防ぐことができるでしょう。

「こちらで、たたき台を用意しますね」

と、自然に契約書のひな形をつくるスタンスになれたら、理想的です。

もし、相手がたたき台をつくる場合は、必ず内容を細かくチェックするようにしてください。

中小企業の社長さんには、金額だけを見て印鑑を押して返してしまう人が多いのですが、ここで契約書に目を通さないことで、後々トラブルになってしまうこともあります。

相手がつくった契約書は、必ず読むクセをつけましょう。

契約書の目的部分はしっかり確認しよう

契約書を読むポイントは、どこでもほぼ同じ「決まり事」以外の部分です。

〈ほぼ同じ決まり事〉

・反社会的勢力ではないこと

・解約条項（倒産・天変地異）
・秘密保持条項
・個人情報の取り扱い…など
〈必ず読む条件〉
・内容（どう動いてもらえるのか）
・金額
・期間（納品時期など）
・支払い方法…など

契約の一番の「目的」に関わる部分は、しっかりチェックしてください。

ここでもし、後述する「５Ｗ２Ｈ」が入っていない場合は、加えてもらいましょう。

契約書そのものを会社の規定で変えられない場合でも、追加で覚書を作成することはできます。

覚書のほかには、

・確認書
・合意書
といったものも大切になります（詳しくは次の項で説明します）。

また、面談の議事録を相手に確認してもらい、そこに自筆でサインをしてもらうのも有効な手段です。


とはいえ、出された契約書に対して質問をしたり、修正を言い出したりするのは、なかなか難しいかもしれません。契約書は出されたらサインをするものだ、と思い込んでいる人もいます。

でも、意識を変えてみて、契約書のパターンを知ることで、いろいろなケースに対応できるようになると、安心です。

契約することの重さを理解しておこう

会社の責任者である社長は、何かあった場合、自社が損害を被るという気持ちで契約をしています。

しかし、商品を買ったときには、よっぽどのことがなければ引き取るつもりでいなければいけません。契約書に印鑑を押すときは、それくらいの覚悟が必要になるのです。

例えば、エステやジム、スクール系の契約など、大勢の人に向けて定型の契約書が用意されている場合、本人の交渉次第ではありますが、ほとんどの店舗では契約内容の変更をすることはできないでしょう。

ただし、内容を変えられないときでも、わからない点は質問して、

「こんなことはできませんか？」

というように、問いかけだけはするようにしましょう。あるいは、

「このスクールの講座は受講したいのですが、全30講座は参加できる見込みがないので、希望の講座だけ受けることはできませんか？」

というように気になることや希望を伝えて、サービスと対価を納得したうえで契約書に押印してください。

「ここが気に入ったから、自分の事情で1回も行けなくても、契約して後悔しない」と思える気持ちになったときに、契約印を押してください。

もしも気になる点が解消されない場合は、そのサービスが気に入るまで契約しないという選択をおすすめします。

契約をするにあたっては、すべてを支払う覚悟が必要です。例えば、支払ったあとに会社が倒産し、希望の講座を受講できなくなる可能性もゼロではありません。そういったことも含めて、よく考えてから契約をしましょう。

「はじめは単発の講座受講で通わせてもらいたい」

と交渉し、単発講座を受けてみて、思った内容と違っていたら講座契約をしない選択もできます。

そもそも、そうまでして受講したい講座なのかどうか。類似した講座がほかにもあり、そちらのほうが自分のスタイルに合ったスクールなのではないかなど、他校との比較をすることも必要なアクションです。

最後まで、自分が納得したうえで契約をする、これが大切です。

どんな契約であっても、契約をすることの重さを知り、覚悟を持つことが大切なのです。

契約をするときには、
・契約書を読まずに印鑑を押さない
・内容があいまいな状態でサインをしない
・「この場合は大丈夫だろうか？」と考えもせずに契約を決めない
という3つのことを意識して、習慣化しましょう。

習慣化することで、いざというときにも、自然に判断ができるようにしていきたいものです。

契約書で足りないところは「覚書」で補う

会社のイメージに合わせて書類の名称を変えて使う

契約書に書き入れられない内容がある場合には、追加の書面を作成して残しておく必要があります。

次のような場合には、必ず書面で確認できるように明記しておいてください。

・契約書が定型で決まっているので変えられない
・例外が多い契約の場合
・相互の事情が変わっていく可能性がある

・増税などの社会情勢によって大きく変動するおそれがある
・担当者によって内容が変わる可能性が高い
・案件ごとに条件が変わる場合

こちらが書面を作成するときは、相手と内容を確認して、印鑑を押していただくことが必要です。

そういうときの書類は、「覚書」「合意書」「確認書」などのように、相手が押印しやすいイメージに合わせて、微妙にニュアンスを変えて作成することが肝になります。

例えば、「覚書」というと硬いイメージがあり、柔らかくしたいのであれば、「合意書」「確認書」が適切でしょう。

契約書が不要なら「注文書」「確認書」「承諾書」がある

当事者の双方が書面で残しておく

シンプルな商品の購入や、簡単な工事の発注の場合には、契約書を作成しないケースが多々あります。

軽微なもの、金額が低いもの、1回で終わるものについては、契約書ではなく「注文書」「確認書」「承諾書」などを作成するようにしましょう。

書類の種類は、取引内容と職種によって使い分ける必要があります。その場合でも、一方的な内容にはならないように注意してください。

しょう。

〈注文書の場合〉

「このように注文を承りました」

と書類を渡して終わりにするのではなく、注文書を送ったあとは、注文請書（受注者がその注文をたしかに受理したことを示すための書類）を返してもらうようにしましょう。

〈承諾書の場合〉

「このように注文をお願いしました」

「そのようにサービスを提供します」

というように、契約を成立させるためには双方向で書面を交わすようにしましょう。

一方的なやりとりで終わってしまうと、作成したものが証拠として手元にあっても、

「そんなものは見ていない、確認していない」

と言われて、揉める可能性があります。

そのため、あえて双方向で納期、金額、支払い時期の書類を残しておき、トラブルが起きたときに対処できるようにしておきましょう。

契約書を交わすことがゴールではない

本当に大切なのは契約書を交わしてから

契約書をお互いに確認し、合意して、押印まで完了。契約を締結したとき、「これでやっと契約が完了した！」と安堵するものですよね。でも、果たしてそこがゴールでしょうか？

私は、「契約の締結が取引のスタートである」と考えます。

もちろんスポット（単発）での契約、継続の契約というように契約にも種類はありますが、契約の締結によって取引が正式なものになることは間違いありません。

継続的な契約の場合、契約の締結でようやくお付き合いが始まり、そこから信頼関係を築いていくスタートとなるのです。

大切なのは、とくに支払いに関する取り決めを守ること、契約通りの商品やサービスを提供すること。

契約に基づき、お互いが納得できる取引がなされていれば問題ないのですが、もし期日に支払われないといった金銭トラブルが発生すると、関係性が悪化して、最終的には訴訟に発展するケースも少なくありません。

また、金銭的なもの以外でも、契約通りのサービスや商品が提供されない場合、クレームにつながることも多々あります。

契約書は、あくまでも契約書。契約を締結していても、その後の対応によって「話が違う」「思っていたものと違う」といった不満は起こり得ます。

心の受けとめ方で、信頼関係が一瞬で壊れてしまうこともあるので、契約後もお互いに真摯な対応を心がけてください。

2章

契約書の
ここを押さえよう

契約書には必ず入れるべきことがある

どの契約書にも入れるべき条項は？

契約書を作成するときに、どの契約でも入れるポイントは決まっています。契約内容の確認時には、細かく内容を見る必要はありませんが、作成時にはこの点が抜けないように確認しておきましょう。

〈どの契約でも入れる内容〉

・反社会的勢力について

・裁判に関すること（合意管轄）

・個人情報の取り扱い
・解除条件（天変地異などのキャンセル規定）
・金額、期日
・5W2H

「5W2H」は、契約書でとても大切なポイントとなるので、ここで説明します。
これは、
・誰が（2者間であれば甲と乙の特定）
・いつ（いつから、期間はいつまでなのか）
・どこで（場所などの特定）
・何を（サービス契約なのか、物品・物件契約なのかの特定）
・なぜ（どのような目的で契約するのか）
・どのように（契約の取引方法など）
・いくらで（対価、金額、支払い期日、支払い方法など）
という、契約の根幹の部分です。

ここは、ただ入れるだけではなく、必ず明確にしましょう。

契約の根幹となる部分があいまいなままでは、取引は成立しませんし、なんらかのトラブルが起きた際には、相手に逃げ道をつくることになってしまうからです。

トラブルで被害にあったときに、契約があいまいだったために主張できなかった、相手から何を言われても泣き寝入りするしかなかった、という状況に陥る危険性もあるので、くれぐれも気をつけてください。

契約書には押さえるべき進め方がある

定型で終わらせずカスタマイズする

「契約書は、定型のもの（ひな形）を使えば間違いないだろう…」と思っていると、意外な落とし穴があったり、つじつまが合わなかったりすることが多々起こります。

すべてを一から作成する必要はありませんが、契約の目的に合わせてポイントを押さえ、必要な加除修正をしてカスタマイズしていくことが大事です。確認しないまま、そのまま使用することのないように、チェックは必ず行いましょう。

契約書のことは、間違いがないように対面で話す

お付き合いの長さにもよりますが、契約時はまず秘密保持契約を交わして、たたき台を見て言葉を交わしながらつくっていきます。

契約書は内容に漏れがないように、対面での確認をしましょう。

メールやWEB会議で行うこともできますが、契約をする前には、少なくとも1、2回は直接顔を合わせておくことをおすすめします。

契約書のたたき台をどちらが出すのかは、重要なポイントです。

さらに、自分たちのオリジナルの契約書を作成するのか、会社にすでにあるものを流用して作成するのか、大きく2つのパターンがあります。

実際は、既存のものを流用するケースが圧倒的に多いでしょう。

大手企業ほど、専門部署が作成し、内容が固定したフォーマットを使うケースが多々あるのです。

契約書をフォーマットに従ってつくらなければならないとしても、双方とも必ずチェックは行ってください。

そして、気になる点や、条項の意図、意味について話し合っておきましょう。

対面での内容確認をスムースに行うためには、事前に契約書のドラフトを作成し、双方がしっかり読み込んでから、すり合わせを行うという流れが理想的です。

ボリュームが多かったり、文章が難解だったりする場合、その場で読みあげるだけでは善し悪しを判断できないので、しっかりと読み合わせするべきです。

契約書はわかりやすい文章でつくる

わかりやすさがトラブル回避につながる

契約書に苦手意識を持っている人は、多いのではないでしょうか。

実は、契約書には難しい言葉が使われていることが多いものです。

契約書が難しい言葉で書かれているのは、これまでの歴史や形式的な面が大きい、という説が一般的です。

以前は、契約書は弁護士などが作成していて、一般の人がつくるものではありませんでした。

それが、パソコンの普及によって、一般の人もつくったり見たりするようになってきたのです。

このような歴史の名残があるため、契約書には難しい言葉が使われています。

それが原因で起きてしまうのが、何かトラブルが起きたときに、

部下「ここに書いてあります」

上司「そんなところまで読んでいないから知らん。お前がしっかり確認していないから悪いんだろう」

というように、罪のなすり合いになってしまうことです。

わかりやすい文章ならば、自分が読んでいて気になる点に気づけますし、社長など会社の上層部にまでしっかり確認をしてもらいやすくなります。

部下「部長、第○条を確認してください」

上司「読んだよ。これでいいぞ」

このようなやりとりをしたこと自体も、ここを確認したというエビデンスになります。

そのためには、読みやすさが必要なのです。

契約書は中学生でもわかる表現にする

ガチガチの難しい文章では、弁護士に解読してもらう必要が出てくる場合もあります。それが、契約書がとっつきにくく感じる原因のひとつです。

ですから、自分で契約書を作成する際は、難しい言葉を極力避けて、わかりやすく、読み解けるようにするのも一案です。

中学生が読んでも理解できるくらいの文章が、理想的といえます。

契約書は「ひな形」からつくり上げる

過去の契約書のアレンジには法改正に注意する

契約書を作成する際、まずは参考になる「ひな形」を探すことが多いのではないでしょうか。では、このひな形をどこから入手すればよいのでしょう。

いざ契約の締結に向けて合意した場合、契約者のどちらかが「ドラフト（原案・草案）」を相手方に提出します。

ドラフトをもらった相手方は、提示された内容を確認し、精査することになります。

つまり、自社がドラフトを提示する側になった場合は、ひな形をもとに、草案を作成しなくてはいけません。

その際、過去に同じような契約を締結していたら、その契約書をひな形として活用し、内容を更新することで、ドラフトを作成することができます。

ただ、古い契約書を活用するときに、気をつけなくてはならないことがあります。それは、法律が改正されている場合です。民法はもちろん、業務に関連する法律が変わっている場合には、内容を修正しなくてはならない可能性があるからです。最新の改正情報を、弁護士などがわかりやすく解説しているニュース記事やサイトがあるはずなので、必ず確認しましょう。

法改正のタイミングでは、その内容を紹介する書籍が発売されていることも多いので、広く確認することが大切です。

過去の契約書がないときはＷＥＢからダウンロードする

今回の契約と同じような契約書が過去に作成されていなかった場合は、まずはＷＥＢを検索するのがオーソドックスな方法です。

ビジネス書式のダウンロードサイトには、契約書のひな形が数多く掲載されていて、無料でダウンロードできるものもあります。

例えば「賃貸借契約書　ひな形」「業務提携契約書　ひな形」といった検索ワードで必要なものを探し、イメージに近いものを見つけましょう。

WEB上で中身を確認できるサイトもありますので、ざっと目を通し、より目的に沿ったものをダウンロードします。

PDFデータでは編集しにくいですが、WORD版なら編集可能です。もし編集がしにくいものしか見つからなかったとしても、作成するときの助けになるはずです。目的とする内容の条項と共通する条項もあるでしょうから、アレンジのポイントさえ押さえていれば、作成時間の短縮につながります。

「5W2H」を中心にアレンジしてダブルチェックする

アレンジの際は、見本となるいろいろな契約書を見比べて、今回の契約のポイントを絞り込みましょう。

最低でも、事前に「5W2H」はまとめておき、そのうえで参考になるひな形と照らし合わせ、編集する項目を絞り込んで、条項をひとつずつ整理、編集をします。

全体の編集が終わったら、矛盾している点はないか、内容の精査を行います。

大まかな方向性が定まり、ドラフトができた時点で、誰かにチェックしてもらうことも大切です。ひとりの目だけで終えるのではなく、客観的な立場で内容をチェックしてもらうことは、とても重要だからです。

ひとりだけで完結する際にありがちなのは、つくり手のクセや言い回しによって、目的からずれてしまうことです。

契約書に携わるときには、できる限り客観的なチェックマンを用意しておいたほうが、より確実でしょう。

まずは契約書のドラフトをつくる

売り手と買い手、どちらが作成するのか

交渉の結果、契約が合意段階に達したときに、いよいよ契約書ドラフト（原案・草案）を双方で確認することになります。

ここでよく議論されるのは、売り手と買い手のどちらがドラフトを作成するのがいいか、ということです。

売り手と買い手のどちらが出さなくてはならない、という決まりはとくにありませんが、取引先が大手企業であれば、先方からドラフトを提示されるケースが多く見受

けられます。ほとんどの大手企業には法務関係の部署があるため、売り手と買い手のどちらの立場であっても、ひな形が定められているケースが多いのです。

ただ、この場合、大手企業側に有利な条件を提示されるケースもあるので、注意が必要です。

本来契約書は50：50、つまり平等であると考えたいもの。どちら側が作成するにしても、必ずすべての条項をチェックすべきでしょう。

取引先から求められた場合も含め、自社がドラフトを作成する側になったときに備えて、「売買契約書」「業務提携契約書」「代理店契約書」など、自社の業務でよく使うパターンのドラフトを準備しておくと安心です。

案件ごとにドラフトをカスタマイズするようにすれば、時間も短縮できますし、早くドラフトを提出すれば、契約を進めるときに信頼度が上がります。

もし契約書のドラフト作成に時間がかかりすぎると、先方の意向や条件、気持ちが変わるなどの事態を起こしかねないので、用意しておくに越したことはありません。

ドラフトを提示された場合のチェックポイント

先方から提示されるドラフトを待つ場合は、ドラフト案をもらえる日程を確認し、受領したら速やかに回答できるように、チェックポイントを考えておきましょう。

主なチェックポイントには、次のようなものがあります。

・権利と義務の明確化
・損害賠償などのペナルティの取り決め
・契約金額と支払条件（いつまでに支払うなどの期限）
・契約自体の有効期限

もちろん、何が目的の契約なのか、リスク事項は何かといった、契約の重要なポイントは事前にまとめておく必要があります。そして、ドラフトが届いたときに、内容をチェックするのです。

できればひとりで確認するよりも、何人かでチェックし、リスクや条件などに問題がないかを確認すれば、より安心です。

法律のプロにチェックしてもらう

人の紹介やインターネットで弁護士を探す

最近では、弁護士に内容の確認をとってから契約書に押印するケースが非常に多くなっています。

秘密保持契約などの簡易的なものでなく、お金がからんでいたり、大きな責任が生じたりする商取引の契約の場合は、弁護士に事前チェックをしてもらいましょう。

顧問弁護士がいない場合は、いつも相談している弁護士や司法書士、契約書提供サービス会社などにチェックをしてもらうといいでしょう。

私は時々、クライアントから顧問弁護士の探し方を尋ねられることがあります。

契約書のリーガルチェックや法律相談、係争時のサポートをしてくれる、頼れる顧問弁護士がいるだけで、とても心強いですよね。

やはり、友人・知人関係からの紹介をもらえるなら、そのほうが相談しやすいのではないでしょうか。

まずは、自分のビジネスに合った弁護士の知り合いがいないか、友人・知人に尋ねてみることです。

知り合いに弁護士がいない場合は、インターネットで拠点の近くに事務所がある弁護士を調べてみるのも、ひとつの方法です。

いまはWEB上に、商法に強い、離婚訴訟に強い、債務整理に強い、刑事事件が主、相続に強い…といった案内が出ていることも多く見られます。

ビジネス向けなら商法に強い弁護士がいいですし、ものづくりの企業なら知的財産に詳しい弁護士が合っているでしょう。

お願いしたい分野の弁護士を探し、問い合わせてみてください。

弁護士費用はさまざまですが、常時相談できる顧問としてお願いするなら、月額2～3万円からがひとつの目安といえます。

顧問料を毎月支払うことが難しい場合は、スポットでお願いすることもできます。事前に相談料、報酬の取り決めをしっかり聞いておくことが大切です。

業種・業態によって、弁護士の依頼回数も変わるので、妥協せず、自社に合った弁護士と出会うまで探すことをおすすめします。

契約書に貼付する印紙にも気を配る

印紙税の負担は相互で話し合って決める

契約書に印紙貼付が必要かどうかは、契約書の種類によって決まっています。印紙貼付が必要なものや印紙税額については、印紙税法に定められた表を参照してください。なお、印紙税額は頻繁に改定されるので、最新情報をＷＥＢなどで確認することをおすすめします。

もし印紙の貼付を忘れたとしても、契約書自体が無効になるわけではありません。あくまでも、税法上の違反になるかどうかがポイントなので、契約書の有効・無効とは別問題です。

印紙が必要な契約の場合、例えば「甲と乙がそれぞれに負担する」という形で、相互に負担するなど取り決めておくと、進めやすいでしょう。

甲乙の2社間での契約の場合、どちらか一方が2通分の印紙代を負担するケースもありますが、契約の内容や目的によって判断は変わるので、話し合って負担額を取り決めるのがいいでしょう。

最近は、電子契約（電子データで取り交わす契約）を導入している企業も増えてきました。電子契約は印紙が不要なので、節税になる点が大きなメリットです。

システムの導入が必要なので初期コストはかかりますが、これから多くの契約を交わす予定があるなら、電子契約システムの導入を検討するのも一案です。

割印と契印を正しく使い分ける

「割印」は契約書の同一性を証明する

契約書を作成して提出したときに「割印をお願いします」という言葉をよく耳にします。契約書には、主に「割印」と「契印」という考え方があるので整理しましょう。

割印は、契約の当事者（ほとんどが、「甲」「乙」と指定して2者間で契約するケース）がそれぞれ1部ずつ、合計2部の契約書を保有・保管する際に、どちらも同一の契約書であることを証明するために押印するものです。

3者間で契約書を交わす場合は、3部を重ねて割印を押すことになります。

割印の押し方

2部の場合

①契約書を縦または横に少しずらした形で重ねる
②重ね合わせた部分にまたがるように、両方に押す
→片方には押印の半分、もう片方には残りの半分が押してある状態

3部の場合

契約書を少しずつずらして重ね、3通すべてに押印がまたがるように押す

【2部の場合の割印】

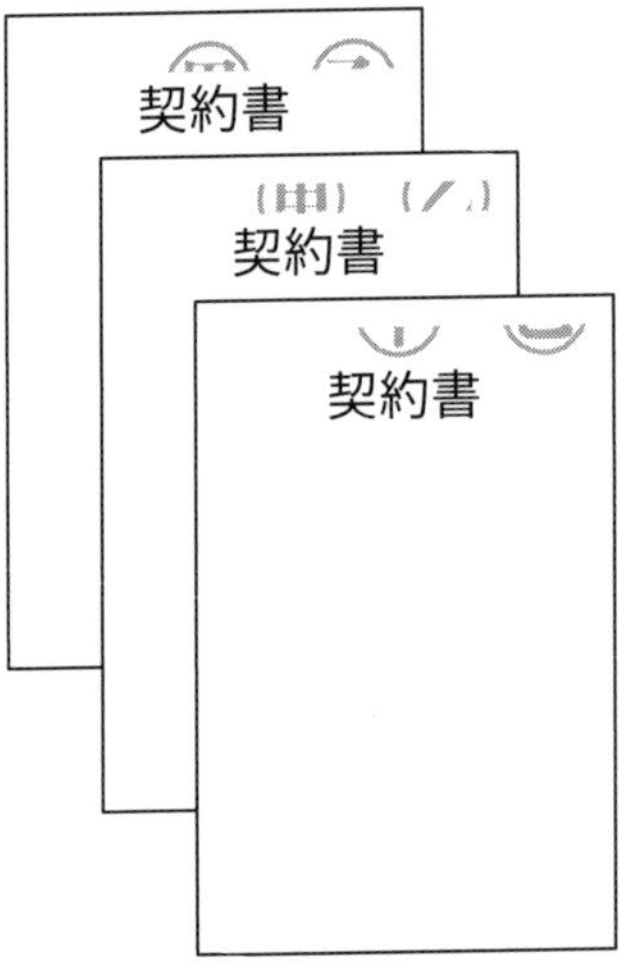

【3部の場合の割印】

「契印」は契約書が改ざんされていないことを証明するもの

一方で契印は、契約書が1枚ではなく複数枚にわたる場合、ホッチキスなどで製本する場合がほとんどですが、製本の際に文書を差し替えて内容を改ざんしていない、もしくは不正な書類を綴じていないことを証明するために押印するものです。

多くの場合、製本テープで綴じた契約書をまとめ、表紙などの製本テープにかかるように押印しています。

このように、綴じた部分のテープにかかるように押印すれば大丈夫です。表表紙と裏表紙に押印するようにします。

ところで、製本テープや袋綴じで製本をしていない場合は、ホッチキスだけで留めたむき出しの契約書になっています。

このときは、不正が起きやすくなるので、すべてのページに契印を押しましょう。

契印の押し方

1 ホッチキス留めされた契約書

ホッチキス留めされている部分までページを左右に広げ、すべてのページの見開き部分に、両ページにまたがるように押す

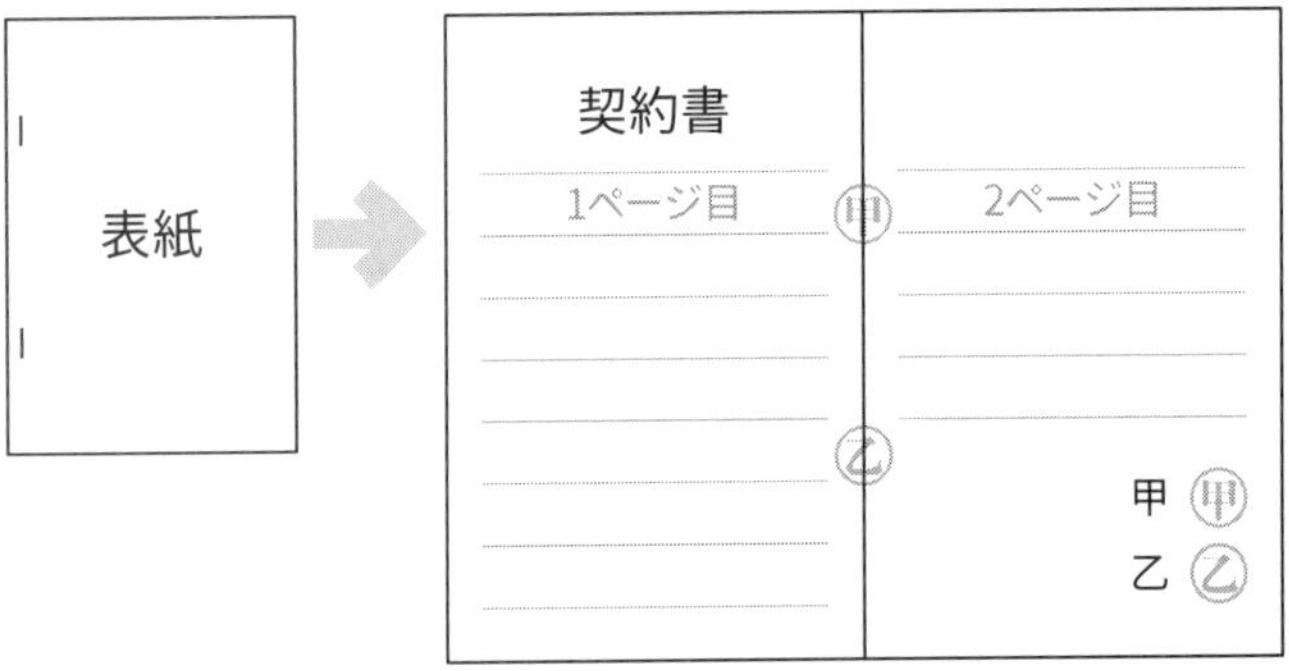

見開きに段差ができてハンコが押しにくいときは、低いほうのページの下に紙を足すなどして、高さを合わせる

2 製本された契約書

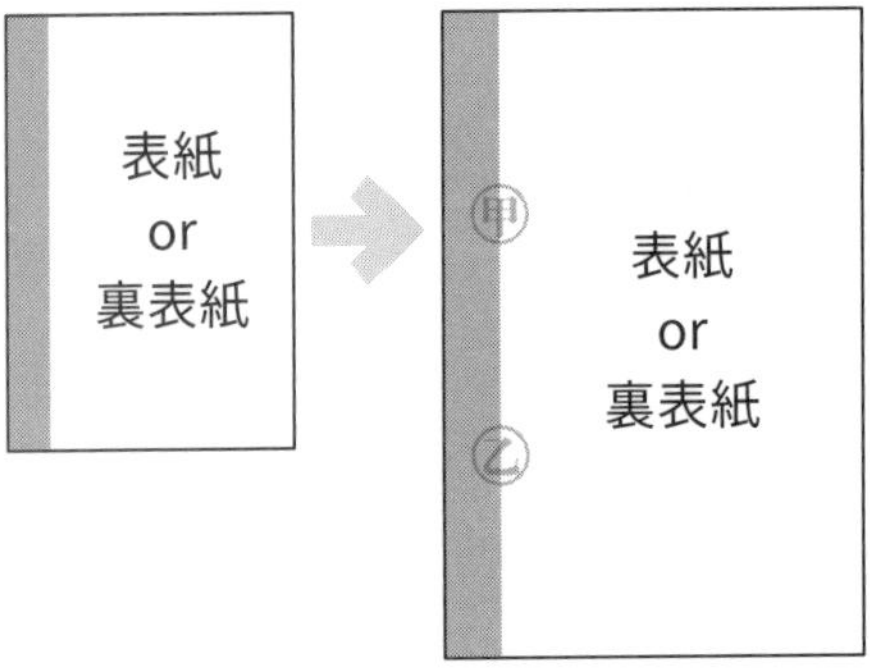

表紙か裏表紙のどちらか1ヵ所に、製本テープと書類の紙にまたがるように押す

ページを開いた状態で押す場合は、高さが揃わずに押しにくいケースも多いので、注意が必要です。

必ず見開きの両ページにまたがるように押すのがポイントです。

意識して契約書を作成するようにしてください。

契約書の製本は不正防止のため

間違いのない製本の仕方を知っておこう

契約書は、改ざんなどの不正を防止する意味でも、製本しておくに越したことはありません。

自己流で製本している会社も多いようですが、一般的な製本の仕方を知っておくのも大切なことです。

製本の際は、市販の製本テープを利用することが多いでしょう。

市販の製本テープには、ロールになったもの、A4サイズにカットされたものなど、便利なものが売られています。

もし製本テープがない場合には、A4の用紙をカットして帯をつくってもかまいません。

〈手順〉

・契約書本体、別紙を入れる場合は別紙も含めてホッチキス留めする。
・次に、ホッチキス留めした部分を製本テープまたは帯で包み、のり付けする。
・製本テープまたは帯の部分に、双方の契印を押す。

表紙、裏表紙を入れることは必須ではありませんが、文書管理の観点からは、なかの契約文章が見えないように表紙を入れることをおすすめします。

なお、契約書の枚数がA4で2ページの場合は、2枚並べてA3×1枚に印刷することで、製本の手間が省けます。

契約書を製本する方法（製本テープ）

1 契約書の長さ＋3～5cmで製本テープを切っておく

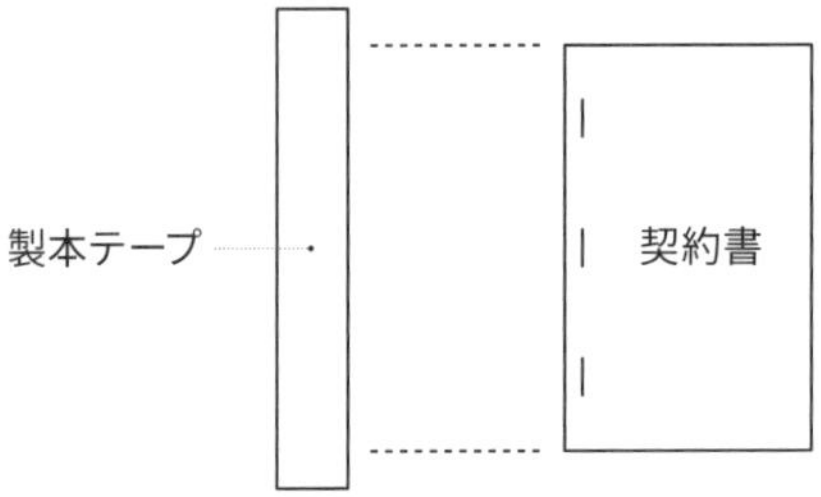

2 製本テープを縦に2つ折りして、半分だけ剥離紙をはがす

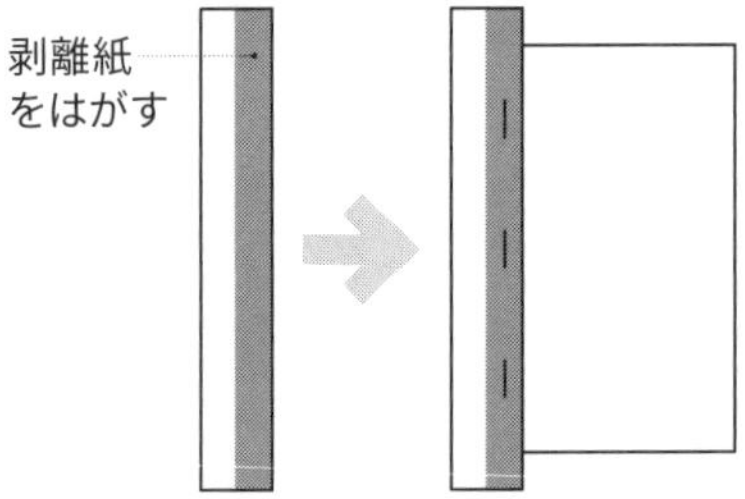

3 テープの余った部分を四角く切ってから、残りの剥離紙をはがし、製本テープを折り返し、裏表紙側のホッチキスを隠すように貼り付ける

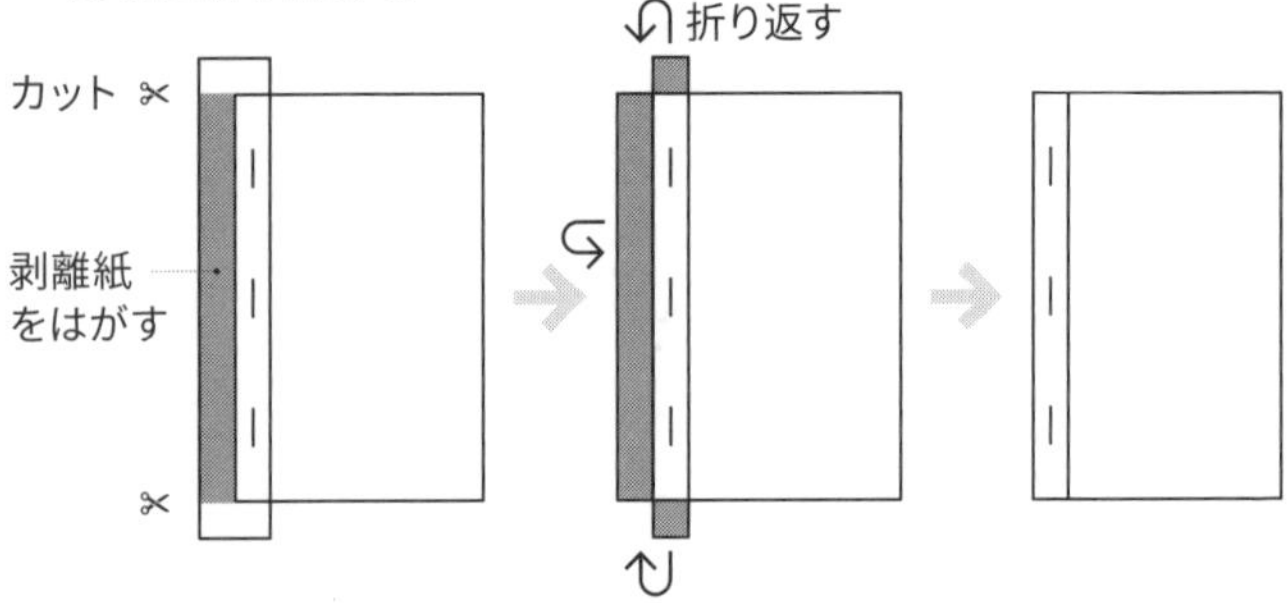

4 契印を押す

契約書は時系列で管理、保管する

ひな形から完成稿まで履歴をデータで残す

よく、

「契約後の契約書を、どのように保管したらいいでしょうか？」

という質問をいただきます。

契約書の管理には、完成するまでのデータの履歴、そして契約締結後の契約書原本両方において、それぞれポイントがあります。

まずはデータですが、契約書はひな形から始まって、ドラフト、第2稿、第3稿……

と何度も修正を重ねて、最終的な契約書に仕上がるケースが多いでしょう。

作成をＷＯＲＤ文書などで行うことが多いと思うので、段階ごとに「変更履歴」をつけて残し、できれば更新する都度、別のフォルダに格納して、更新履歴がわかるようにしておくことをおすすめします。

履歴を残すことで、どこがポイントだったのか、相手方からどんな依頼があったのかを、あとで確認することができるからです。

そうすれば、先々同じような契約を交わす場合、ひな形として活用できるでしょう。

契約書の最終形は、ファイル名を「〇〇契約書最終稿」というようにして、本契約で使用したデータであることがわかるようにしてはいかがでしょうか。

契約書の原本は年別に時系列でファイリングかデータ化する

次に、相互に押印した契約書の原本については、契約書のファイリング用フォルダを用意して、自社がどのような契約を締結しているか、時系列でファイルしておくことをおすすめします。

なぜなら、あとで契約書を見直すケースも出てきますし、ほかの契約をする際の参考にもなるからです。

もしトラブルなどが発生した場合、時系列でファイリングされていれば、契約条項をすぐに確認できるでしょう。

会社法では契約書などの「事業に関する重要な資料」の保管期間は10年、法人税法では「税務関係の帳簿や契約書」の保管期間は7年と定められています。

とても長い期間ですので、年ごとにファイルをまとめるなどして、古い契約であってもあとから確認しやすくするといいでしょう。

ただ、紙で保管することによる劣化や保管場所の問題は大きいので、重要度が低いものについては処分したいと思うのではないでしょうか。

その場合は、スキャンして電子データとして保管する方法もあります。

スキャンをしてＰＤＦ化した契約書は、データがなくならないように、１ヵ所だけではなく、バックアップをとるなどの工夫をしたうえで、保管したほうがいいかもしれません。

データとして格納する場合でも、「いつの・どんな契約なのか」がわかるように、探しやすいファイル名をつけましょう。

例えば、契約の種類（「売買契約」など）、契約日、相手先の略名などをファイル名に入れると、ひと目で判別することができます。

3章

契約書で失敗しないために

契約書にあいまいな表現を残さない

契約では「時期」と「金額」を明記する

本来契約において「あいまい」な表記、表現はあってはならないことです。

あいまいな契約書の場合、作成する側に知識がなく抜けてしまっているケースもあれば、わざと明記しないようにしている不誠実なケースも考えられます。

とくに、「時期」と「金額」の2点が明確になっているかどうかは、契約時にしっかり確認しましょう。

・時期（いつ?）……納期／サービス期間／支払い時期

・金額（いくら?）……どの期間に対しての金額か／何に対しての金額か

とくにサービス契約の場合は、網羅されている範囲も確認しましょう。

契約の際は、このような細かいこともはっきりさせて、契約書に明記することも大切です。

無形のものの「あいまいさ」を残さない

有形のものの取引をする場合は、取引をする対象が明確なので、難しいことはほとんどありません。

でも、無形のものを取引する場合は、何をどこまで明確にすればいいのか、少し難しいかもしれません。

無形のものを明確にする方法は、サービスによって異なります。

一例としては、

・サービスの時間で金額が発生するのか否か
・サービスの成果で金額が発生するのか否か

・作業項目（作業量）の細目を決めておく

こういったことに関して、定義づけをしておくといいでしょう。

メリットがあると思われるからこそ、契約は継続されるので、契約では最初に、「何のための契約なのか」

という目的を定めることを意識してください。

この点があいまいなままでスタートしてしまうと、その後の契約が継続されません。

とくに無形なもの、成果がわかりにくいものの場合、すぐに打ち切られてしまうケースが非常に多いのです。

契約も契約書も、長期的にお客様といい関係を築くためのものなので、誰かが著しく損をするような契約は、長続きしません。

ですから、契約書は双方に利益があるように作成しましょう。

お金のシェアのバランスがいいと、仕事はきれいに成立します。

お互いに気持ちのいい取引を心がける

お金のバランスは、トラブルを回避し、仕事を長期的に進めていくうえで非常に重要です。


例えば、金額が具体的に見えてくる前の話し合いで、

「みんなで平等にシェアしましょう」

と決めていても、いざ利益が出てくると、取り分を多くしたいという欲や野心が出てしまうものです。

その結果、

「それはうちの取り分だ」

「うちのほうが、負担が大きかったから、多くもらえるはずだ」

といったように、トラブルに発展するケースを多く耳にします。

ですから、自分のたちの仕事量に見合ったお金のシェアをすることが、非常に大切なのです。

具体的には、契約を決めてきてくれた営業の人、より働いたり、より考えたり、より根回しをしてくれた会社が、一番利益をとるべきです。

ここを一番厚くしなくてはいけません。

ある人の仕事が、たとえ電話1本で終わったとしても、その分根回しをしてくれていたら、利益を得るのは正当なことです。

一方で、作業量が多かったとしても、いい加減で雑な仕事をしている会社が、

「うちに一番利益を支払ってほしい」

と言っては、おかしくなってしまいます。

気持ちよく取引ができなければ、長いお付き合いにはつながりません。

ここで揉めるか揉めないかで、今後もお付き合いできるかどうかが決まるのでとても重要なポイントです。

担当者が代わってもルールは変えない

担当者頼りにしないお付き合いをする

長くお付き合いしていくなら、担当者は代わらないことが理想ですが、それはなかなか難しいものです。

会社の人事異動だけでなく、退職や事故などで担当者が代わる可能性も考えられます。

問題になるのは、担当者が代わったことで、

「そんな話は聞いていません」

というように、それまでの話がなくなってしまうケース。

あるいは、そもそも案件の話が上司に通っていなかったり、都合のいいことだけを言って契約後にいなくなってしまったり、というケースもあり得ます。

また、信頼できると思って契約したその担当者がいなくなった途端にトラブルが起きて、困ってしまうケースも多く耳にします。

いい担当者とのご縁があることは素晴らしいのですが、担当者ひとりとの付き合いで終わらないように注意しましょう。

担当者とその上司など、同等以上の人との関係を持っておき、会社対会社のお付き合いをする気持ちを忘れてはいけません。

担当者がどのような人であるのかは大切なポイントです。

お付き合いを決めるときは「担当」「会社」の両方で判断をするようにしておけば、間違いありません。

契約書で変更してはいけないポイント

担当者変更時のトラブルを防ぐためには、はじめに決めたルールを変えないようにすることです。

とくに取引条件は、絶対に譲れないポイントです。

・金額
・納期
・サービス内容
・商品価格
・解約条項

これらの点を変更する場合には、双方の合意が必要です。

「この情勢で物価が上がってしまったので、金額が変わってしまいました」

といったやむを得ない理由がある場合は、条件変更の話が出ても仕方がありません。

でも、

「担当者が代わったので、サービスの値段が変わります」

「その話はちょっと違います。私は知りません」

となってしまうのは、いただけない話です。

もし担当者が代わることで、理由のない急な変更をしたり、話が振り出しに戻ったりする場合は、支払い関係もクリアにすること。

受け取っていたお金は返金して、まっさらな状態でやり直すことが必要です。

契約時に最悪のケースを想定しておく

担当者の変更によるトラブルが起こらないようにするためには、契約をする際に、担当者が不在になったという最悪のケースを想定しておくことが大切です。

たとえ信頼している相手が社長であったとしても、「人」ありきの契約はとても危険です。何かあったときに、別の業者を紹介してもらえるかどうかなど、事前にさり気なく確認しておきましょう。

こうした最悪のケースを想定したうえで、その場合どう対処するのかまで、契約書に明記しておけると理想的です。

でも基本的には、契約書ですべてを網羅することはできません。

契約をする際には、先々を見極めること、状況に応じて見直すことが大切です。

例えば、

「仕入れ先のルートがなくなったら、どうしよう」

「もし、この人が買ってくれなくなったら、どうしよう」

といった事態を考えて、契約をするたびに見直しや確認をしましょう。

支払いが危ない人にはリスクヘッジを

書面の中にリスクヘッジできる要素を盛り込んでおく

契約書は、取引の内容を書面にするものです。

取引は、利益を上げるため、自社にメリットをもたらすために行うものなので、まずはビジネスとしてマイナスのことが起きないように、確実な形をしっかりつくっていかなければなりません。

ここからは、ビジネスの失敗要因を減らし、ビジネスを拡大していくため、あるいはチャンスを逃さないためのポイントをお話しします。

相手になんとしても入金の約束を守ってもらいたいときには、こちらのスタンスとしてブレてはいけないところ、妥協してもいいところを明確にしておきます。半年待てると思ったら、半年ずれても問題ない資金繰りをするのと同時に、3ヵ月後に回収できるように詰めていきます。そうすると、お金は4ヵ月後に入ってくるでしょう。

そのためには、月ベースで「今月はどうなのか」をヒアリングすることです。1ヵ月目はヒアリングだけだとしても、2ヵ月目には書面を作成して、金利が発生すること、これがダメだったらこうしてもらう、ということを書面でわかるようにします。

私たちは契約書の作成に慣れているので、自分たちで文面を考えるところからスタートしますが、社内でできない場合には、ビジネス契約書作成の専門家に相談して、お願いしてしまったほうがいいでしょう。

知識がないままに自分たちでやろうとすると、逆に相手に不慣れなことがばれて、足元を見られてしまうケースもあるからです。

取引に不安を感じたときは、追加で「覚書」や「確認書」を取り交わします。

「不利な状況にならないように、早く支払ったほうがいいな。がんばらなくてはいけないな」

と相手に思ってもらうような内容にしていくのです。

一番いいのは、一緒に仕事をしていたり、その会社に支払われる入金元を知っていることです。そうすれば、約定で、

「御社のお金は入金元からもらいますよ」

という約束をして、大元から押さえることができます。

ほかにも、代金を回収できなければ、別の商品を押さえるなどさまざまなリスクヘッジの方法があります。

お金についてのリスクヘッジは、いくらとってもとりすぎることはありません。

ぜひ強く意識しておきたいところです。

トラブルが起きにくい契約書をつくる

お金のトラブルは事態を最悪にする

契約の不履行によって、最悪の場合、裁判にまで発展してしまうこともあります。
そして、裁判にまで発展するケースのほとんどは、お金が絡んだものです。
例えば、
・お金を支払ったのに商品が届かない、サービスが履行されない
・サービスを提供したのに、お金を払ってもらえない
というように、サービスとお金の支払いのバランスが崩れてしまうことが原因になることがほとんどです。

また、商品を提供したにもかかわらず、お金を払ってもらえないトラブルも多く耳にします。

こういったトラブルが起きてから裁判に訴えるということがないように、契約書の内容は吟味しておく必要があります。

トラブルは「言った言わない問題」で起こる

そもそも裁判にならないようにするためには、問題になりそうな火種を感じた段階で、自体が悪化する前に話し合いをすることが大切です。

もしもクレームが発生してしまったら、どれだけ迅速に、誠実に対応できるかどうかが勝負になります。

早めに問題を解決できるように、注力しましょう。

裁判になるようなトラブルの原因のひとつは、実は「言った言わない問題」です。

この問題を防ぐには、取引に関わることは記録しておくことが何よりも重要です。

「いつ、どこで、どのような話をしたか」
これをいつも記録しておきましょう。

例えば、打ち合わせの際には常に議事録をとり、改ざんしたと疑われないように、その日のうちに共有しておくといいでしょう。
裁判の際には、自分だけが保管していた議事録でも証拠にはなりますが、PDFなどにロックをかけたうえで共有するほうが、よりたしかなものになります。あるいは、その議事録に相手の自筆サインをもらったり、確認したというメールをもらったりするのも有効です。

いつどこで何をしたのか、それらをスケジュール表でしっかり管理していれば、裁判で「きちんと対応していた」という証明になったケースもあります。

日常からきちんとしているという証は、そのまま信用につながります。裁判やトラブル解決のためではなくても、日頃から記録を残す習慣を持つといいでしょう。

そのほかに、音声の録音データも、裁判では有効な証拠になります。トラブルが起きてしまったあとの話し合いの場だけでなく、普段の取引や、安心できる相手の場合であっても、

「忘れたら困るので、録音で内容を残しておきますね」

と伝えて、日頃から議事録の代わりに活用してもいいでしょう。

記録をとることでトラブルを回避できる

どんな人でも、すべての会話を覚えてはいられませんし、人の記憶はあいまいになるものです。

そして、トラブルを起こすタイプの人は往々にして、

「こう言いました」

「そうは言っていません」

といった主張をしてくるものなのです。

とくに女性や若手の人は狙われやすいので、記録をしっかりとって、相手と共有し

ておきましょう。

「この人には嘘がつけない、ごまかせない」

と思わせることが、トラブルを未然に防ぐことにもつながります。

「契約」と「契約書」はまったく別のもの

契約書は、取り交わした契約を形に残したものであり、契約そのものではありません。その契約に至った過程を記した議事録があることで、契約にまつわる事柄、契約に付随している事項などが明確になります。

また、スケジュール管理などの記録があることで、どのタイミングで何をしていたのか、このときはどんな状況だったのか、などの前後関係も確認できます。

このように、契約に付随した記録を残しておくことで、契約書の内容がより活きてくるのです。

議事録やスケジュール管理の記録を残しておくなど、できることはいますぐ習慣にしましょう。

ひとつひとつ丁寧に仕事をすることで、何かトラブルが起きたときに、和解交渉がしやすくなります。

また、たとえ裁判にまでなってしまった際にも、記録していたことが重要な証拠になり、自分や会社を守ってくれることを覚えておきましょう。

支払時期と支払方法は最重要項目

支払い条件を明記しないと資金繰りに支障が出る

契約に関わるお金の受け渡しについては、例えば定期的に行うもの、1回で終わるものなど、いろいろなパターンが考えられます。

大事なポイントは、お金を受け取る側が、いつまでにお金が入るのかをわかるようにしておくことです。

〈定期的に受け渡す場合〉

・いつから支払い開始なのか

・いつ締めでどう受け渡しするのか

〈1回で終わる場合〉

・契約後、何日以内の支払いなのか
・分割（着手金、中間金、○回払い、完成または完済）なのか

契約書の中で支払時期や支払回数、支払方法などを明確にしておかないと、商品やサービスの提供側はいつ支払ってもらえるのかがわからないので、資金繰りの計算上、困ります。それでは、契約をした意味がなくなってしまいます。

お金の受け渡しについては、しっかり、細かく、明確に書かれているのかどうかが、必ず押さえるべきポイントです。

口頭だけでの契約はしない

口頭だけでの契約は大きな不安を残す

お付き合いが長くなって信用度合いが変われば、掛売りも考えます。

ただし、いくらお付き合いが長くなっても、いい人であるとわかっていても、私は口頭ベースでの契約はしません。

必ず書面で契約します。

口頭での約束で痛い目を見た人は、少なくないのではないでしょうか。

私自身も経験しました。だからこそ、

「『言った・言わない』であとから揉めたくないから、先に書面を交わしておきましょう」

と言って、書面を交わします。

関係性が良好なときほど、書面を交わすことを心がけましょう。

なぜなら、いい関係を築いていた担当者が辞めたり、経営者や上司が代わったりすると、最初に契約した条件を変えられてしまう可能性があるからです。

書面がないと対抗措置を打てなくなってしまう、という理由もあります。

契約事は、必ず書面に残しましょう。

取引相手の信用度を見極める

自分の利益を優先していると損をする

取引を誠実に行っている人ほど、自分だけ利益をとろうとする人や、目先の利益を優先する人とはお付き合いを続けません。

ですから、自分の利益、目先の利益を追い求めることは、長期的に見ると大きな損失になります。

能力があるのに、この「誠実な取引をする」という発想ができないのは、非常にもったいないことです。

いまある自分の利益分配を大きくすることに注力する人よりも、

「一緒に組んで、もっと稼ごう」

という発想ができるような人が増えるといいですね。


10ある利益の取り分を、自分と相手で5：5と決めていても、人は欲が出てきて、目の前の10全部が欲しくなるものです。

でも、そのときに、

「10のうち8〜9は欲しい」

と主張するのではなく、協力し合って総利益を倍に引き上げて、

「10：10で利益をとる」

というように、発想を変えてみてはいかがでしょう。


今回の取引をいいものにして、誠実にシェアすることで、〝次〟につながります。

いい関係性を保ち、協力関係を続けることで、利益も増えていくのです。

「解除」は過去に遡って効力を発揮する

「契約の解除」は契約が最初からなかったことにするもの

契約の「解除」と「解約」は、似た言葉ではありますが、実は別物です。

この区別をしっかりとできるようになりましょう。

本項では契約の解除、次の項で解約について説明します。

契約の解除とは、契約締結後、当事者の一方の意思表示によって、その効力が「最初から存在しなかったのと同じ状態」にすることを指します（民法第５４５条）。

そして解除権の行使は、解除権を有する当事者の一方が、相手方に対して解除の意思表示をすることで成立します（民法第540条）。

解除はこのように定義されており、契約当事者のどちらか一方に契約条項に違反するなどの背信行為があった場合、契約の「解除」がなされることが多いようです。

「解除」のポイントは、契約自体を最初からなかったことにする、消滅させるというように、時間を遡る意味合いを持っていることです。

契約書内には、契約解除の条項は必ず含まれています。

「契約の解除条項」作成のポイント

「解除」は、どちらかの会社（もしくは個人）が、金銭的な対価を支払えない懸念が生じた場合には、相手に通知しなくても契約自体を一方的に解除できる、という内容です。

会社が資産の差押えや強制執行を受けるということは、会社の存続が難しい状態です。個人でも、資産の差押を受けたり破産宣告を受けたりした状況下では、当然ながら

「契約の解除条項」のサンプル

第○条（契約の解除）

1．甲又は乙は、相手方がその責に帰すべき事由により本契約上の義務を履行しない場合は、相手方に相当の期間を定めて書面による催告を行い、なおも履行がないときには、本契約を解除することができる。

2．甲又は乙は、相手方に次の各号に掲げる事由のいずれかが生じたときには、相手方に何ら催告することなく直ちに本契約を解除することができる。

（1）仮差押、差押、強制執行又は競売の申立を受けたとき。

（2）破産、民事再生、会社更生、特別清算等の手続申立を受けたとき、又は自らこれらを申し立てたとき。

（3）手形、小切手を不渡りにする等支払停止状態に陥ったとき。

（4）公租公課の滞納処分を受けたとき。

（5）監督官庁による営業許可の取消、営業停止等の処分があったとき。

（6）前各号の他、著しい信用不安の事態が生じ、本契約に基づく債務の履行が困難になるおそれがあると認められるとき。

3．本条第1項又は第2項に基づき本契約が終了した場合でも、甲又は乙の相手方に対する損害賠償の請求を妨げない。ただし、本契約に別段の定めがある場合は、この限りではない。

ら取引は続けられないでしょう。

　また、契約の対価を支払ってもらえない可能性が高くなった場合に、契約を早々に解除し、サービス提供を停止したり商品提供を止めたりすることで、損失を最小限にすることができるので、リスクヘッジになるのです。

「解約」は未来に向かって効力を発揮する

「解約」は未来に契約を終了することにするもの

「解約」がよく利用されるケースとして、「賃貸借契約の解約」などを耳にすることが多いのではないでしょうか。

清掃業務を委託されている業務委託契約の解約を例にすると、いままで受託していた清掃の仕事を一定の時期までに解約する旨を告知することで、将来のある時点で契約は終了し、そこから先は契約が存続しない、というものです。

「契約の解約条項」のサンプル

第○条(乙からの解約)
乙は、甲に対して30日前までに解約の申入れを行うことにより本契約を解約することができる。
2　前項の規定にかかわらず、乙は解約申入れの日から30日分の賃料又は賃料相当額を甲に支払うことにより、解約申入れの日から起算して30日を経過する日までの間、随時に本契約を解約することができる。

「契約の解約条項」作成のポイント

文例のように、乙（賃借人＝借り主）から解約を申し入れることで、賃貸の契約をいつで終了、未来の契約がなくなる、ということになります。

解除は過去に遡って、解約は未来に向かって効力を発揮するととらえると、わかりやすいでしょう。

キャンセルや返金の規定を確認する

わかりやすくすればトラブルを防げる

すでにお話しした通り、契約書の解約や解除の条項は必ず目を通すべき重要なポイントです。どんなときに契約を解除できるかを、理解しておきましょう。

例えば、

・相手方の資産が差し押さえにあった、もしくは倒産した場合は解除

・相手方が反社会的勢力だった場合は、契約解除

といった条項は、一般的な契約書によく見られるものであることを、すでにお伝えしましたよね。

でも、確認をする際は、契約の種類によって特色のある部分を、とくに丁寧に見るようにしてください。

具体的に言うと、

・支払いが滞ったら解除して、損害賠償を求める
・納品10日以内に商品に瑕疵（傷や欠陥）が見つかった場合は解除する

といったように、細かい点を詰めておくことが非常に大切です

契約書の書き方がまわりくどく、わかりにくい場合は、キャンセルや返金の際のトラブルにつながります。

ですから、できる限り明確な文章になるように注意しましょう。

こちらが作成する側のときは書き直したほうがいいですし、自分が買う側なら、わかりにくい点を質問して、修正してもらう必要があります。

極力トラブルが起きないようにするためには、契約書の記載をわかりやすくすることが欠かせません。

キャンセル規定は具体的に明記する

例えば、衛生用品のような商品の場合、一度使ってしまうとキャンセルができないのは当然のことです。

このように、キャンセルができる場合とできない場合との線引きを、誰でもわかるように、契約書に記しておく必要があります。

つまり、

・キャンセルを受け付けてもらえるのか、もらえないのか
・違約金などが発生するのか、しないのか
・返金割合はどうなっているのか
・いつまでならキャンセルが可能なのか

といったキャンセル規定を、契約書に明記しましょう。

最近は、適切なサービスを提供したあとにもかかわらず、「全額返せ」とキャンセルを主張するおかしな人もいて、トラブルになるケースも増えています。

そんなトラブルにならないように、契約時に双方でキャンセルや返金についてしっかり確認をしてください。

「全額返金」の謳い文句にはカラクリがある

全額返金を要求する人がいる一方で、全額返金を謳い文句にしている会社もありますが、基本的にはどちらも不自然なものです。

コマーシャルや広告で、

「○○ができなければ、全額返金します」

という言葉を聞くことがありますが、これは海外では通用しません。

日本だから成り立っている手法です。

日本人はもともと、

「ちょっと使ってしまったから、返品は申し訳ないな」
「ここまでしてもらったから、続けようかな」
といった良心的な気質の人が多いので、あまり返金を要求しないのです。

いまはクレーマーのような人も増えているので、ゼロではありませんが、それでも会社からみると、使ったあとに全額返金を要求されるリスクは非常に少ないのです。

ですから、「全額返金」の広告は、消費者の心理に訴えかけた、巧みな手法ともいえるでしょう。

実際には、細かく規定が設けられており、返金をしないわけではないものの、「全額返金」にはなりにくい契約内容であることも多いようです。

ですから、全額返金という条件を出されても、鵜呑みにしないようにしましょう。

もちろん、自分たちが広告や契約書を作成するときには、ここはチェックが入るところです。

可能な限り、できること・できないことの線引きをハッキリさせておくことで、相手の信頼を得られるようにしたいですね。

実際の対応が返金規定と異なることがある

例えば契約書には、

「こういった場合は50％、ここまでは30％の返金をします」

というように規定されていても、契約上は50％返金のはずが、実際は30％の返金、契約上30％返金と思っていたものが20％…と返金率が下がってしまうケースは往々にしてあります。

これでは、相手からの心象は悪くなってしまうでしょう。

逆に、契約書では返金不可と書かれていても、例外を認めて一部返金、全額返金になった場合は、印象がよくなります。

このように、契約書はあくまで事前の決めごとです。

人と人との付き合いは、なかなか決まり通りにはいきません。

ですから、会社の仕事のスタンスはとても重要なのです。

契約書自体は、

「万が一こじれたときのために、証拠として残しておくべきもの」

と考えておきましょう。

担当者によって対応は大きく変わる

契約書は、本来、裁判になってしまったときや会社対会社など自分の範疇を大きく超えてしまった場合に出すものです。

ですから、何か問題が起きたとき、最初に担当者が、

「契約書に書かれているから、ここまでしかできません（しません）」

というような対応をするのは、本来おかしな話。

大きなクレームやトラブルに発展してしまいかねません。

「契約書にはこう書かれていますが、担当の自分としてはここまで対応します」となるのが、担当者の本来の仕事です。会社のスタンスとしてルールを決めることと、臨機応変に対応することはまったく別の問題です。

例えば、こちらにも非があることだったとしたら、

「契約上は返金不可となっていましたが、今回は全額返金に応じます」

という対応ができると、何か不備があって解約をされた場合でも、お客様からの印象はよくなるでしょう。

もちろん、返金することが必ずしもベストな対応とは限りません。

お客様が支払った対価に見合う商品やサービスの提供ができていない度合によって、返金や返品に応じるなどの策を具体的に決めておくことが大切です。

今後の取引の継続を鑑みて、「どう対応するか」が重要であるということは、覚えておいてください。

契約内容では担当者が関係者の想いをまとめる

契約内容を他人任せや会社任せにしない

中小企業の場合、総務担当などが契約書を作成することが多いでしょう。

大手企業の場合は、総務部や法務部で作成していたり、営業マンが個人で作成したり、流用してつくったりすることもあります。

また、営業が作成したものを総務経由で顧問弁護士を通すなど、さまざまなケースがあります。


中小企業同士の取引なら、実際に契約書を作成する場合、基本的にそれぞれの決定権のある人（課長・部長・社長など）がたたき台を出し合って確認したほうがいいでしょう。

〈契約をするとき〉
・現場で顔を突き合わせる人が、直接会って、ある程度の内容を決める。
・社内の最終決裁者（社長など）に確認をとる。
という流れにすると、後々にも問題が起こりにくくなります。

もし営業部門が契約書類をつくる場合は、取引をするときに、実際に顔を合わせる担当者が詳細を確認しておくことが必須です。人任せ、会社任せにしないようにしましょう。

〈契約書を出すとき〉
・自分が作成↓契約前に社内の上長が確認↓相手に提出
という流れにすると、スムースに進められます。

契約書の内容を相手に逐一確認する

契約書のドラフトに自社の想いを込めてつくりあげたら、相手企業との間でまとめ作業に入ります。

トラブルの原因になりがちの「言った言わない問題」を防ぐために、確認事項のチェックリストを用意しましょう。

なぜなら、この説明を聞いた・納得した、というサインを残しておくことで、揉め事を回避できるからです。

一緒に項目を読み、必要な説明をして、リストにチェックを入れながら進めるのが理想です。

これを徹底しているのが、携帯電話業界、保険業界、不動産業界などです。

一般の企業でも、これらの業界に近いような業務を行う場合は、このチェックの仕組みがあったほうが、より安心して仕事を進められるでしょう。

チェックリストでは、金額や解約など、誤解が生じては困るポイントを押さえておいてください。

契約書の内容チェックリストを、サービス提供でお客様向けにチェックしていただく場合の例を載せておきます。

□　ご契約内容は「〇〇〇〇プラン」（〇〇サービス〇回、利用期限は〇年〇月〇日まで）。

□　ご契約金額は〇〇円（消費税含）。

現金／クレジット（いずれかに〇）でお支払いいただくことを確認しました。

□　クーリングオフ期限を確認しました。

□　〇年〇月〇日まで、電話または直接ご来店による。

□　途中解約について

方法：〇〇により解約可能

その場合、お支払い済み代金は返金規定によって返金いたします。

（返金方法と返金規定）

□　ご契約後の保証について（詳細……）
□　お客様相談窓口について（詳細……）

これらは参考の項目ですが、業種・業態によってお客様向けに確認・承諾いただく事項をまとめるようにします。

初めての参入で何をリスト化すればよいかわからない場合には、似たような業種をWEB上で検索し、参考になる承諾書やチェックリストの内容を調べることをおすすめします。

お客様にはひとつひとつの項目を確認後に☑を入れてもらい、最後に日付とお客様の自署をもらうのがいいでしょう。

4章

契約書は信頼度を高める

契約書の話は取引が進む前に決めておく

契約書の形態は取引内容から絞られていく

取引を進める際、契約の話を切り出すタイミングや、どのような契約内容をするか、迷うことがあるでしょう。

お付き合いが始まりそうなときは、最初にどんな形で仕事ができそうなのか、そしてどのように組めそうか、すり合わせる必要があります。

業界の慣習もありますが、最近は、

「機密保持契約をして、情報共有をしてもらっていいでしょうか」

というような流れが増えてきています。

そして、商品やサービスを受けることになったら、既存の類似した契約書があるときはそれを流用するか、なければ新しく作成するという流れになるでしょう。

販売なら販売契約、共同で事業を進めるならパートナー契約というように、どんな取引になるのかが決まると、必要な契約も自ずとわかってくるものです。

機密保持契約はしたほうがいい

機密保持契約が必須かどうかは、業界によって事情が異なります。

例えば出版業界は、もともと出版前の情報を外部に出さないので、あえて機密保持契約書を結ぶことはしていません。

一方で不動産業界は、物件や店舗情報などが先に外部に出てしまうと困ることが多いため、機密保持契約をしっかり結ぶことが多いのです。

ほかにも、機密保持契約が当たり前になっているのは、ＰＲ、広報、開発、財務（売却や融資情報など）、人事といった分野です。

ちょっとしたワードひとつでも外部に漏れることで、会社に打撃を与えてしまうことが考えられる部署や業界では、しっかりした取り決めがなされているのです。

いまの時代、大手企業との取引には、機密性は必ず求められるものと思っていたほうがいいでしょう。

一方、中小企業はきちんと機密保持契約を結ぶ企業と、あまり気にしない企業とが、はっきり分かれています。

でも、機密保持契約の提案をする企業のほうが、「きちんとした取引を心がけている会社だな。こちらもきちんとしなくてはいけないな」と思われやすく、相手に誠意を見せることができます。

自社がそのような対応をしていない場合、そういった会社と比較されている可能性があることは念頭に置いておきたいものです。

仲のいい人との取引ほど契約書を作成する

関係性が変わっていく前提で取引を始める

仲のいい人と長く付き合っていくためにも、欠かせないのが契約書です。
「仲良しの人との取引ほど、契約書をつくる」ということを、決め事にしてはいかがでしょうか。

いいお付き合いをしているときほど、
「契約書なんていらないから、これからもずっと仲良くやっていこう」
とあいまいになってしまい、どこかでこじれてしまう…というケースは、残念ながらら非常に多いもの。

2人のときには何も問題がなかったとしても、仕事で第三者やほかの会社が絡んでくると、そうはいかなくなってしまうものです。

また、片方だけが業績が上がり、もう片方が伸び悩むことで、やっかみが入ってしまうケースもあります。別の会社同士だからこそ、契約時と同じ状況が続くとは限りません。

どんなに仲のいい会社であっても、関係性が変わる可能性もあると考えておく必要があるのです。

いい関係のときに契約書を結んでおく

いい関係性を築けているときほど、基本的な契約や、大事なことは書面に残しておきましょう。そのほうが、お互いに気持ちよく合意して、揉め事を防ぐことができるのです。

きっちりと書面で残していない人のほうが、後々揉めることになります。

パートナー契約では、

「先に話をしていたのだから、自分に多くほしい」

「そんな話はしていない（覚えがない）」

「お客さんを取られた…」

といったトラブルは、非常に多いものです。そして、たいていは金額や制約が原因になっているので、契約書がないと対応ができません。

オリジナルではなく、普段使っている契約書でも構いませんので、仲がいいときほど、先に契約書の作成をしっかりとしておきましょう。

いい契約書はフェアな内容になっている

双方が意見を出せる状態がフェア

前にもお話ししましたが、フェアな取引を行えるかどうかは、どちらかに偏った取引条件になっていないかどうかで判断できます。

一方にだけ利がある状態ではいけません。

例えば、どちらかは一方的に解約（返金）できて、もう一方は意見すら出せないような内容になっていたら、それはフェアではないのです。

でも実際、契約書上「甲」には権限があって、「乙」には一切の権限がない、という内容が多々見受けられます。

権限のバランスを5：5にするのか、7：3にするのかは、契約内容や双方の関係性によって微妙に変わってくるものですが、できるだけ甲と乙それぞれに権利があるようにしましょう。

契約書上、どちらも主張できる状態になっている状態が、フェアな取引なのです。

権限や利益の割合は契約内容によって変わる

例えば、オーダーメイド商品の場合は、注文した人にしか販売できないものです。だから業者は、簡単には返品に応じられません。もともと8～9割は返品を断られると思っておいたほうがいいでしょう。

それでも返品を受け付ける残りの1～2割の理由は、商品の故障や不具合です。もしも不具合による返品まで受け付けないような場合は、たとえオーダーメイドやカスタマイズ品であっても、あまりにも一方的です。

ただし、最初に機械の動作確認などを一緒に確認していたのなら、そのあとは返品不可であるという主張も一方的ではない、という考え方ができます。

ですから、契約時にどのようなケースが考えられるのか、可能性をあらかじめ洗い出しておくことが大切です。

一方、パートナー契約の場合は、同じプロジェクトに対して同じ方向を向いて取り組むという契約のため、甲・乙とも対等・同列な立場と考えます。

ですから、契約書上も、権限やお互いの条件を5：5くらいで反映することが望ましいでしょう。

ただし、権限の割合と利益・配分の割合は別のことですので、ここは注意してください。

対等な立場で結ぶべき契約書なのに、

・禁止事項が多い（権限が10：0で一方的）

・文字が小さく、細かく、読みづらく書かれているというような場合は、その会社がこれまでに多くのトラブルを起こしている可能性があります。

自社のサービスや商品に自信があるなら、

「こういった場合でも、かかった実費はお返しできません」

と書くだけですから、大きな文字ではっきりと記載できるはずですよね。

担当者が代わっても契約内容を変えない

前にもお話しした、

「いままでは何も問題がなかったけれども、担当者が代わった途端にサービスや対応が変わってしまった」

というパターンは、もっとも怖いケースです。

非常に残念ですが、契約が終わったあとですぐ担当者が代わり、

「契約書にはこのように書かれています」

「前の担当者が契約していたことは、私は知りません」

と主張して終わってしまうことも、よく耳にします。

このような姿勢の会社はよく見られます。その場は知らぬ存ぜぬと主張して終わったと思っていても、会社の信用度は確実にどんどん落ちていってしまうもの。そして、このようなことは「ここだけの話」では終わりません。

不誠実な会社は、人がよく辞めて入れ替わるので、退職した元社員からの悪い口コミとして、ネットなどにどんどんリークされてしまうのです。

クレーム時の会社や担当者の対応が悪いと、会社の将来性まで奪われてしまいかねません。もしうまくいっていない場合は、いま一度自社のあり方を振り返ってみましょう。

契約書で会社のイメージが変わる

いまは、新しく立ち上がった企業が上場を目指していて、その勢いで急成長していることもあります。

でも、起業したての会社で契約書がずさんな場合は、

「まだ会社を立ち上げたばかりだからな…」

と感じさせてしまいます。

一方、立ち上がったばかりの会社でも、契約書を整えておくと、

「しっかりしている会社なんだな」

と好印象を持ってもらえることにつながります。

契約書から会社の姿勢が伝わり、企業イメージが上がる効果も期待できるというわけです。

行政との契約はスムーズには運ばないが…

行政などとの契約は、行政側の定型文や決まった書式があるので、契約をするにはそのまま押印するしかないケースがほとんどです。

行政との契約に限っては、交渉の余地がない相手であり、交渉して契約書を変更し

てもらうことは難しいという前提で、相手のルールに従って契約をすることになります。

ただ、相手が行政であっても担当者は一個人であり、〝人〟です。

行政だからミスはないということはないので、やはり契約に至るまでのやり取りを議事録として残し、相手方に確認し、疑問点はその都度確認してクリアするなど、通常の商取引と同じスタンスで臨むことが大切です。

行政と契約する場合、金銭的に相手が不義理をすることはないと判断できるので、契約条件をしっかりと確認し、自分が契約条項を責任をもって履行できるかを判断して契約締結を行いましょう。

返金や返品の基準を具体的に決めておく

返金・返品の規定を具体的につくっておく

受けたサービスや商品が、どの程度まで品質が悪いと返金されるのか、されないのか、返金される場合の割合なども明確にする必要があります。

・すでに商品を使用している、していない
・すでに作業に着手している、していない

こういったことが、返金についての基準になるでしょう。

例えば、オリジナルやカスタマイズといったその人に合わせた商品に関しては、基本的には返品・解約ができないものと考えておいてください。

契約書に記載する内容としては、例えばオーダーメイドスーツの場合、

・サイズも生地もその人に合わせて作成するので、返品や交換ができません

・もし不具合があるときは、1回までであれば縫製し直します

・作業を進めている場合は、その着手したところまでの金額をいただきます

といった条項が必要になるでしょう。

返金・返品の基準をわかりやすく設ける

有形のものの返品・返金はわかりやすいのですが、無形のものの場合、その基準が難しく、揉める原因にもなっています。

ホテル業界が、

「前日までのキャンセルはいくら、3日前までのキャンセルはいくら」

という明確な基準で決まっているのと同じように、いつまでならば間に合うのかをはっきりさせておきましょう。

「着手していたとしても、ここまでであれば、お客様のために無償にすることもできます」

「これ以降は、恐れ入りますが10％をお支払いいただきます」

といったことは、交渉して詰めておく必要があります。

たとえお客様のためであっても、毎回大きな損害を出していては会社も立ち行きません。着手してからの人件費や材料費を踏まえて、
・どの時点までは、返金に応じます
・どの時点からは、代金が発生します
ということを、契約書に明記しておきましょう。

契約書・規約づくりは相手への配慮も大切

契約書・規約の目的を明記する

契約書や規約には、必ず入れなければならない文言があり、これは押さえておくべきルールのようなものです。

でも、もうひとつ忘れてはならないのは、その「目的」です。

契約書や規約づくりの目的は、自社の誠実さをあらわして信頼度を上げるということ。規約や契約書などの約束事は、そのためにあるのです。

目的を果たすためには、あまりにも難しい言葉や言い回し、専門用語が並んでいるのは望ましくありません。

契約書の目的は、取引先との信頼を重ねることであると考えれば、難しい言葉の多用は避けたほうがいいでしょう。

ですから弊社では、「契約書＝難しい」という考えを、まずは払拭することから始めるようにアドバイスしています。

これまでにもお話ししましたが、中学生くらいでも理解できるレベルの文章を意識すれば、お互いに何をいわんとしているのかが明確になるでしょう。

どんな内容であれ、難しすぎる表現をしないようにするべきです。

それに、簡単な言葉で表現できるということは、深く理解しているということでもあります。

取引先の稟議を通しやすくしてあげる

契約書で大切なのは、読めばその目的がすぐにわかることです。

でも実際には、目的がわかりにくい契約書や規約がかなり多くあります。

例えば、

「AさんからBさんがものを買って、Bさんがお金を支払う」

という契約書があるとします。

このような契約でトラブルを起こさないためには、シンプルにサービス内容や補償などを書いておけばいいのです。

これを複雑にしてしまうと、そもそも何のための契約書であるかさえわからない、といった事態を招くことになりかねません。

もうひとつの大切なポイントは、「稟議を通しやすいかどうか」です。

傾向としては、大きなお金が動く契約の稟議となると、関わる幹部や役員が増え、稟議には慎重になります。

売り手としては、契約がスムーズに成立するのが望ましいのですが、そこは発想を切り替えて、買い手の社内の稟議を通しやすくしてあげることが上手な進め方となります。

一例として、買い手の心象をよくするため、否定文ではなく、肯定文で書く方法があります。

同じ意味でも表現方法をプラスのイメージにすることで、相手が受ける印象はいい方向に変わるでしょう。

このように、取引先が読んだときの感じ方まで配慮して、稟議が通りやすい契約書にすることが大切です。

自社だけでなく取引先のリスクヘッジも入れ込む

また、双方のリスクヘッジを考えておかなければ、承認にはつながりません。

こうした点も配慮したつくりにしたほうがいいでしょう。

双方にとってｗｉｎ－ｗｉｎの内容を盛り込むことで、スムースに進んでいくのです。

これらのことは、一概に「こうすればよい」とは言いにくい部分であり、それぞれの会社の規模や決裁権限者のタイプなどによっても変わってきます。

もし、取引先が小さい企業であれば、相手の社長さんを思い浮かべ、その人となりや考えている意図を想像して、盛り込む内容を検討しましょう。

その際、社長さんにいい加減さが感じられるのなら、少々厳しめの条件を具体的に書き込んでおくことも必要です。

万が一、トラブルが発生した場合には、しっかりとリスクヘッジできるように考えて作成してください。

契約書をつくるときは「両想い」、つまり合意したうえでのことなので、関係は良好であることが多いもの。

でも、将来的に関係性が変わる可能性はゼロではないのです。

契約書はトラブルが起きたときに必要になる

契約書が必要になるのは、トラブルが発生したときです。

そのときに、お互いに何が書いてあるのかを再確認し、双方の弁護士に相談します。

ですから、トラブルが起きたときにどう解決するのかを見据えたものでなければ、安易に署名してはいけません。

もっとも理想的なのは、契約書が使われることがないまま何年も経ち、そのまま忘れ去られていくことです。

契約書を読み返さなければならなくなったときには、きっと悲しい気持ちになって

いるはずです。そして、追い討ちをかけるように、必要な文言を入れていなかったことに対して、

「お金を取れない…」

「返金しなければならない…」

などと一喜一憂するものなのです。

弊社では、トラブル時に、

「これなら30％の返金でいいかもしれない」

「相談すればどうにかなるかもしれない」

といったご相談を受けることが多いのですが、その根拠となるのが契約書です。

契約書や規約は、本来は自社の信頼を約束し、取引先とｗｉｎ―ｗｉｎの関係を築くためのものです。

ですから、誰が読んでもわかる内容であることが大切なのです。

そして、万が一のトラブルに備えて、必ずリスクヘッジをしておきましょう。

5章

契約書はビジネスを育てる

契約書を早く仕上げるとプラスの連鎖を生む

利益が早期確定し営業活動を支える

商取引の着地点、ゴールは「契約締結」ではなく、「利益の確定（売上着金）」です。契約書の作成に携わったことがある人なら、契約書のドラフトを提出または受領するまでに、2週間から1ヵ月くらいかかったことがあるという経験はありませんか。

そのあと、ドラフトのやり取り、修正のやり取り、最終契約書原稿の確定、相互押印（締結）があり、請求書の発行などの手続きに入るケースが多いでしょう。

そうすると、おのずと着金という利益確保・確定までに最低1～2ヵ月ほどの時間が空くことになるのです。

私はイレギュラーなとき以外は、依頼があった日からできる限り3日以内に相手方にドラフトを提出することを心がけています。

前の章でも触れていますが、契約書をスピーディーに仕上げると、どのようなメリットがあるか、整理してみましょう。

・契約書ドラフト作成、データ提出（またはデータ確認）…～3日
←
・修正点の把握、加筆、リーガルチェックなど…1～5日
←
・修正契約書の確認、合意、確定…1～3日
←
・契約書締結（相互押印等）…～1週間
←

・取引の実行
↓
・請求書発行、着金予定確定

このスケジュールで動けば、早ければ1週間から2週間で契約締結・請求書発行となります。着金については相互の条件にもよりますが、サービス開始時、商品発注時となれば、着金の予定もかなり早くなるわけです。

スピーディーな契約を心がけることで、年間5、6回の契約事が倍以上の営業活動、売上活動に直結し、売上倍増計画を立てられる可能性も生まれます。

小さなミスにこだわるより時間優先

「契約書のドラフトは完璧に仕上げなければならない」と考える人も多いでしょう。
たしかに間違いないのがベストですが、人が携わることですので、ミスが出ることもありえます。

最低限数回のチェック、数名のチェックは必要ですし、絶対に間違ってはならないポイント（契約先の住所、社名、代表者名など）は何度も確認しなければいけませんが、ほかにも金額、期日、条件の本筋は押さえ、それ以外の部分については、神経質になりすぎず、全体を仕上げて、早めにドラフト提示することをおすすめします。

当然ながら相手方の確認をもらうことが前提です。

先方からは間違いや修正点、要望が提示されるはずです、自分だけで完璧に仕上げられるというわけではありません。

大筋のところを押さえたうえでスピーディーに仕上げて提出し、相手にチェックしてもらうのが効率的でしょう。

最速の事務処理をして相手を待たせない

人が商品やサービスを選ぶときの目安になるのは、金額の高い・安いだけではありません。あまりにも時間がかかりすぎたり、ダラダラして長く待たされたりすると、もうこの会社・店とは付き合いたくない、という気持ちになってしまうものです。

逆にスピーディーに物事が進むと、成功事例として刷り込まれるため、

「また御社とお付き合いできますか？」

「これをお願いできますか？」

という気持ちに変わっていきます。

これは、どの業界にも通じることです。

物を購入するとき、時間がかかり待たされてイライラして買うのと、気持ちよく安心して買うのとでは印象が違いますよね。

私は、お客様に安心していただけることを重視して、物事を進めています。

お金に関わる事務的なこと、売買の契約書や注文書、さまざまな書類やカタログの用意など、事務処理は最大限スピードを早めて進めることが信用につながるのです。

契約の前後でムダな動きはしない

不動産売買は現地確認前に資料を揃える

不動産売買を例にあげましょう。話を聞いて商談し、契約内容について確認していると、1〜2ヵ月はあっという間に過ぎてしまうものです。

私たちは、すべてスピーディーにこなすようにしています。実際にお客様が物件を見て、買おうという気持ちになったら契約書を出して、お金の話をして、最後は着金する。ここまでを1ヵ月、早ければ2週間で終わらせてしまいます。

お客様が、現地を見に行ってから、

「よかったら資料をください。検討します」

「資料のあれが足りません。これが足りません」

「では次に役員も連れていきます」

などということをしていれば、あっという間に1ヵ月は過ぎてしまいます。


でも、私は買わない人が何度見に行っても同じだと思っているので、資料をすべて揃え、お金はあるのか、決済できるのか、何と何が確認できたら買えるのか、購入する一歩手前までのところを、先にすべて詰めてしまいます。

時間と労力を省けば信頼とリピートにつながる

ムダなことを省いていくと、物事はスピーディーに運びます。

不動産は物件ごとに条件も変わるので、それぞれに合わせて契約書を作成したり、関係者がチェックを入れたりしていると、それだけでも短くて1週間はかかります。

私たちは、徹底的にムダを省くことで、通常かかる日数の半分程度で着金までを終わらせます。それが、お客様からの信頼とリピートにつながっているのです。

お客様をあちこち案内して回るのは、実は大変な時間と労力がかかります。丸1日が潰れるだけでなく、2回、3回と足を運べば日数もかかるでしょう。段取りをしたり、日程を合わせたり、連れて行くときの人員を調整したり…。そこまでのことをしても契約に至らなければ、すべて水の泡になるということです。

ですから、私はそういう動きはしません。

決済方法を確認しておけば着金は遅れない

ムダを省くということは、効率的に物事を進めるということです。

そのため、私はお金があるのかないのか、自前の資金なのか銀行融資なのか、そして決済方法を最初に確認します。契約することを決めてから、ようやく、

「いまから銀行に融資してもらいに行きます」

となると、融資が出るまでに時間を要し、そこからまた1ヵ月以上かかることになるからです。

ですから、お金をどういう形で用意するのか、先に聞いておく必要があります。

そうしなければ、例えば、

「この人は支払いまでに2ヵ月はかかるお客様なのだな」

といった見通しが立てられません。


この見通しが立てられると、ほかのお客様にも話ができるかどうかがわかり、こちらとしては天秤にかけることができるのです。

「優先順位はあとになりますよ。それでもよければご検討ください」

と、早いもの勝ちであることも伝えられます。


「決済方法は、どのような方法をお考えですか？」

という質問を、はじめの段階でお客様にしておき、想定より時間がかかってしまう事態を招かないようにしましょう。

契約書作成で重要なのは「聞き出す力」

効率よくドラフトをつくるために聞き出す

契約書を作成するにあたり、まずは何の種類の契約書を参考にするかを考えます。

そのときに大切なのが「聞き出す力」――ヒアリングです。

例えば社長からの指示で、

「A社から商品を仕入れることになったから、契約書を作成してほしい」

と言われたとします。あなたはどのような契約書を想像して、

「はい、わかりました」

と言い、作成にとりかかるでしょうか。

私の場合は、次のことを社長に確認します。

・新たな取引開始ということでしょうか？

・契約条件は決まっているのでしょうか？　合意した条件の書類はありますか？

・今後も取引をする予定（継続取引）でしょうか？　または1回だけの契約で今回限りなのでしょうか？

・先方から契約書タイトル（種類）の希望はありますか？

・こちらから契約書ドラフトを提出する流れになっているのでしょうか？

・ドラフト提出はいつまでにすればよいでしょうか？

また、自分が取引の担当者で、契約ドラフトを作成する立場でもある場合なら、社内での各種確認と同時に、先方と口頭で合意する段階で取引条件など確認すべき事項も洗い出しておき、先方に尋ねることが大切です。

プラス提案をするために聞き出す

聞き出す力を身につけなければ、契約書ドラフトを作成する際に、項目に漏れが出たり、条件が不足したり、契約書として不備・不足が出たりする事態に陥ります。

相手とのやり取りが何度も生じ、時間もかかってしまいかねません。

どの種類の契約書をつくればいいのか、つまりタイトルを決めるときにも、

「この取引なら、まずは取引基本契約書を作成して、個別案件で覚書をつくるというのはどうでしょうか」

「業務提携契約書かパートナー契約書を交わして、あとは注文書で対応するというのはいかがでしょうか」

といった提案ができるように、ヒアリングをしたいものです。

聞き出す力を磨いて経験を積んでいくことで、目的に応じた契約書を瞬時に導くことができるようになります。

相手を知れば最良の対応ができる

メールひとつでお付き合いしていい人かがわかる

メールには、相手がどのような人かがわかる情報が詰まっています。

例えば、言葉づかいやレスポンスのタイミング、本文の内容、添付資料の送り方などに、判断できる要素がかなり散りばめられているのです。

もし文章がうまいとは言えなくても、一生懸命に打ったと思われるメールが送られてきたら、

「やる気はあるようだから一緒にやろう」

という気持ちになりますよね。

でも、言葉づかいが丁寧でも、こちらのリクエストしたことに応えていなかったり、依頼していた資料などに対して、

「自分で探してください」

といったメールを送り返してきたりする場合は、やはり考えてしまいます。

ただし、これが年配の方なのか、若い人なのかによっても見方は変わります。できないなりに一生懸命送ってきたのだなとわかれば、まだお付き合いは継続できます。

一方で、メール1本すらきちんと打てず、いい加減なものを送ってくるような場合は、何事においてもいい加減なのだろうと感じてしまいますね。

人を見極める精度を上げるには、メールや文書のやりとり以外に、直接声を聞く方法も有効です。電話の応対によって人間性を読み取ることができますし、直接会って交渉する機会があれば、もっとその人が見えてきます。

いろいろな形でやりとりを重ねることで、人となりが見えてくるものです。回数を重ねて、判断の精度を上げていきましょう。

人の苗字、名前の扱いは常に慎重に

言葉づかいと言えば、メールでも手紙でも、大事な書類、文章で名前を間違えることがよくあります。

私事ですが、私は「俵谷」という苗字で、よく間違えられます。初めてメールを送る場合、8割以上の方が「俵屋」という変換ミスの宛名で送ってこられます。間違って届いた場合でも、「あー、やっぱりね」と慣れてしまっていますが、少し残念な気持ちもあります。

よく聞く苗字に「さいとうさん」がありますが、「斉」「斎」「齋」「齊」と多いので、苗字はややこしいケースが発生するものです。

たかが苗字、名前と思われるかもしれませんが、私の経験上、はじめから正しい字で送っていただいた方のほとんどは、お付き合いが長く、いい関係が続く傾向にあります。苗字、名前にも注意を払っているということは、誠実さのあらわれといってもいいので、ほかのところでも安心してお付き合いできそうですね。

融資が受けやすくなる書類を揃える

「必ず返済する人」だと印象づける

会社や店舗などを運営していれば、必ずと言っていいほど金融機関から融資を受ける機会があるのではないでしょうか。

融資を受ける（お金を借りる）ことは、「借金が増えた」というマイナスのことばかりではなく、「社会的信用を得た」という見方もできます。

金融機関の信用が得られれば、「いざ」というときにチャンスを逃さないための大事な資金を調達することも可能です。

では、そのときのためにどのような準備をすればいいか説明しましょう。

金融機関が重視するのは、

「貸したお金を回収できるかどうか」

です。なぜなら、回収できなくなって不良債権化してしまったら困るからです。信用保証協会や日本政策金融公庫の保証もない融資が、万が一不良債権になると、金融機関はそのまま損失を受けることになります。

信用保証協会などの保証がない融資を「プロパー融資」と言いますが、一般的にこのプロパー融資が出にくいのはこういった背景があるためです。

ちなみに、信用保証協会や金融公庫に提出する書類は、銀行に提出するものとほぼ同じと考えてよいでしょう。

弊社の場合、売上計画のストーリー、今後の売上につながる見込みのある契約書、具体的な進捗がわかる商談の記録など、事前に提出するように言われていない書類も持参するようにしています。

これらの書類は、あとから提出を求められるケースが多いので、事前に提出してしまうに越したことはありません。

大切なことなので繰り返しますが、金融機関が融資の判断で重要視するのは、「この人はきちんと返済してくれるのか？」というところです。そのときに重要となるのが、「数字」なのです。そう考えると、会計書類を提出しなければならないことも、うなずけるでしょう。

数字の次にチェックされるのが、経営者の「人物像」です。見た目や立ち居振る舞いが、相手に与える印象は大きいものです。男性ならスーツ、女性であればスーツでなくてもかまいませんが、相手にきちんとした印象を与える服装にしましょう。派手すぎず、極端に地味すぎず、といったところです。このあたりの印象は、職種によって多少異なる部分があると思われますが…。

加点ポイントをいかに増やすかが融資の肝

金融機関は融資申し込み企業を減点法でチェックするので、書類作成や交渉においては、「いかに加点を増やしていくか」がポイントになります。

例えば、500万円を借りたいという申し込みについて、100点満点から始まって減点していき、最終的に70点以上あれば融資する、というように判断しているのです。減点は、例えばホームページがないから5点マイナス、持ち家がなく担保にできないから5点マイナス、といった具合に行っていきます。

では、減点されていった結果68点だとしたら、どうなるでしょうか。

このようなギリギリのラインの場合、どんな結果になるかは金融機関の担当者の考え次第。

担当者が、

「500万円満額とまでは言えないけど、400万円なら貸そうか…」

と思えば融資がおりるでしょう。

このときに効いてくるのが、担当者との信頼関係です。

ですから、書類をきちんと揃えて持っていくことや約束の期限や時間を守ることは、当たり前のことです。ひとつひとつのやり取りが、審査に響きます。

ぜひ、ミスがないように何度もチェックし、印鑑も丁寧に押しましょう。

印鑑をうまく押せなかった場合は、新たに書き直すことをおすすめします。

融資では、こういった細かなことがシビアに見られています。

人となりを徹底的にチェックされているのだということを、前提として認識しておきましょう。

「この人には1円も貸したくない」

と思われたら、融資は受けられません。金融機関の担当者が書類を預かり、内容チェックをして上司の承認を得る、という流れになっているため、担当者に悪い印象を与えた時点で終了です。

金融機関の担当者は、あなたの応援者になってもらうべき人です。

相手の立場に立って、小さなことこそ丁寧に行っていきましょう。

間接部門は売上に貢献する影のスター

契約と距離がある部門の役割が実は大きい

間接部門である総務や経理、秘書といった部門は、「売上に関係のない部署」として見られがちではないでしょうか。

でも、実はそうではありません。間接部門は、契約までのスピード感や入金サイクル、営業部門への書類サポートや契約書ドラフトの作成などに、とても深く関わっていて、非常に大切な役割を担っています。

仮に新規事業、新規営業開拓で新たな売上見込みが立ったケースで考えてみましょう。営業開拓をして、新たな顧客を獲得したとします。そこで営業担当者から、「A社と取引をすることになったから、書類作成をよろしくね」という依頼があった場合、売上になるまでの業務に何があるか考えてみてください。営業担当者が契約の合意を先方から取り付けたとき、契約書を作成し、内容を相互に確認することで、売上につながる請求書の発行というステップに進めるのです。必要書類が速やかに揃わず、口頭だけの合意で放置すると、いつまでも「お金」には変わりません。

契約書作成の際には、既存のフォーマットを流用したり、ネットからひな形をダウンロードしたりして、ドラフトをつくることも多いでしょう。でも、本来契約書は案件ごとに丁寧に精査されるのが理想です。なぜなら、契約書の作成は売上までのスピードを左右する重要な業務だからです。

契約書を作成するときに、ひな形を持ってきたものの、難解で上手にカスタマイズできず、取引先から拒否されてしまったという経験をした人も少なくないでしょう。

契約書を作成するときは、間接部門まで含め、知識と知恵を集めてつくりあげるようにしてください。

スムーズな書類手続きが営業を強力にサポートする

このように、契約書の作成に手間取ると、契約だけでなく請求のタイミングも延びてしまいます。そうすると、入金時期もおのずと先送りになってしまうのです。

小さいことのように見えますが、これが同時多発的にいろいろな部署で起こると、会社全体に与える影響は、大きくなります。

契約書と同様に、経理にかかわる請求書についても、計上の仕方が命取りになることがあります。営業部門を支援する書類をつくるにしても、目的に見合ったものを作成しなければ、営業サポートにはなりません。

また、取引先からの電話を受けるのは、内勤の事務担当者が多いでしょう。日々、窓口になる人がお客様に与える心象は、営業活動に大きな影響を与えるもののひとつ。

決して売上と関わりのないことではないのです。

　このように考えると、間接部門と言いながらも、実は営業の一部を担っていることがわかるはずです。

電話対応ひとつで会社の信頼度はアップする

　弊社は少人数の会社ですが、

「社員が何十人もいる会社だと思っていました」

と言っていただくことがあります。

　大きな会社ほど信頼されやすい側面があるのは事実なので、そのように思っていただけることは大変ありがたいことです。

　もちろん、「会社が大きいからいい、小さいからダメ」ということではなく、信頼していただける仕事をすることが大切です。電話応対、メール対応、書類作成など、ひとつひとつの仕事がお客様の信頼につながっていくのです。

このように、ちょっとした対応が積もり積もって売上に直結することがあります。書類をつくること＝間接部門のゴールではありません。

正確な書類をつくることでスムーズな契約や売上計上に貢献し、会社の信頼度を大きくアップさせること。

これこそが、間接部門の本当のゴールではないでしょうか。

また、正確な書類作成は公的な機関からも評価され、融資を受けやすくします。

間接部門は、武器職人であるともいえます。どれだけ社長や営業部門のスタッフに「いい武器を持たせられるか」が腕の見せどころです。ゲームと同じで、優秀な武器や装備があればあるほど、自信を持って戦うことができます。装備や武器を増やし、その質を高めることができれば、より有利に戦いに挑めるのです。

このように考えると、十分にお金をかける価値のある部門なのではないでしょうか。事務系、秘書系、経理系などの間接部門は、「隠れたスター」なのです。

おわりに

契約書というものは、普段日の目を見ることがほとんどありません。

でも、いざというときにとても頼れる存在であり、またビジネスを広げてくれる戦略ツールであることを、ご理解いただけたでしょうか。

私たちがクライアントの各種申請書、契約書、規約約款、覚書、業務マニュアル作成など、業務に必要な文書作成のサポートをする際は、クライアントが遂行する事業の目的に沿うように、十分なヒアリングを行っています。

文書作成は単なる事務作業ではなく、企業の発展を左右するほどのものです。

全体像を把握しなければ、クライアント企業が本当に必要とする価値を提供することはできません。

いま話題のChatGPTなど、ＡＩ技術の発展には目を見張るものがあります。

「契約書の作成やリーガルチェックなども、ＡＩが代行してくれるのでは？」と考えている人は、多いかもしれません。

でも、ビジネスは「人対人」の営みなので、大切なのはその人の「心」であり、「あり方」です。

企業理念や経営者の想い、担当者の想いを汲み取り、文書に落とし込むことは、人間だからこそできるのではないでしょうか。

少なくとも私は、そういうスタンスでクライアントと向き合っています。

時代の流れがどんどん加速し、多くの企業が変革を迫られています。

だからこそ、足元をしっかりと固めて、どんな時代が来ても生き残れる基盤を構築する必要があるでしょう。

本書をきっかけに、契約書を最大限に活かし、避けられるリスクは確実に避けて、ビジネス広げていただければ、これほどうれしいことはありません。

＊　＊

このたびの出版にあたっては、多くの方にご尽力いただきました。

本書の制作にあたり、アドバイザーとして多忙な中で支援いただきました弁護士の須上愛子先生、初めての出版をプロの視点からご指導いただきました藤原雅夫さん、誠実なビジネスのあり方を教えてくださった大林誠一さん、きめ細かなサポートでハードスケジュールに寄り添い支えてくれた社員の前澤理奈、この４人の支えがあったからこそ完成させることができました。

また、出版の機会をくださり、企画から制作までお世話いただいた株式会社サイラスコンサルティング代表の星野友絵さん。かざひの文庫代表の磐﨑文彰さん。そのほかにも多くの方の支えで、この本を出版することができました。

みなさまに心より感謝申し上げます。

著　者

俵谷 泰代（たわらや・やすよ）
20年以上にわたりさまざまな企業の経営企画をサポートし、2018年株式会社オールリンクを設立。「働く人が信頼でつながる社会をつくる」を理念とし、新たな成長ステージへ向かう中小企業を支援している。
「新規事業立ち上げ・プロジェクト遂行」「契約書類作成」の２軸で企業をサポートし、多忙を極める経営者の「頼れるブレイン」役を担う。豊富な経験を活かし、ニーズに合わせたオーダーメイド型業務支援のプロとして企業の成長を加速させている。契約書関係のアドバイス、修正、作成などの対応は毎年300～500件。
E-mail：info@alllink.jp
HP：https://alllink.jp/

アドバイザー　須上愛子（すがみ・あいこ）
同志社大学法学部卒業、京都大学法科大学院修了。所属する伊達法律事務所は企業間取引（契約書作成、取引立合、紛争処理）、企業法務、企業再生などを幅広く手がける、福岡を代表する弁護士集団。
HP：http://www.dbengoshi.com/

絶対契約《ぜったいけいやく》
契約《けいやく》フローから、契約書《けいやくしょ》のつくり方《かた》まで

俵谷泰代《たわらややすよ》 著

2023年7月30日　初版発行

発行者　磐﨑文彰
発行所　株式会社かざひの文庫
〒110-0002　東京都台東区上野桜木2-16-21
電話／FAX 03(6322)3231
e-mail:company@kazahinobunko.com　http://www.kazahinobunko.com
発売元　太陽出版
〒113-0033　東京都文京区本郷3-43-8-101
電話03(3814)0471　FAX 03(3814)2366
e-mail:info@taiyoshuppan.net　http://www.taiyoshuppan.net
印刷・製本　モリモト印刷
企画・構成・編集　星野友絵・牧内大助（silas consulting）
編集協力　藤原雅夫
装丁　重原 隆
DTP　宮島和幸（KM-Factory）
©YASUYO TAWARAYA 2023,Printed in JAPAN
ISBN978-4-86723-140-1